「生きる力」を育む
10歳までの育て方

男の子の一生が決まる、たった6つの心の習慣

教育研究家
山村裕志
Yamamura Hiroshi

Gakken

はじめに

教育や子育て。どうしたらいいのか、戸惑うこともなかなか多いですよね。ましてや男の子はだんだんわからなくなってくる。そんなときに、

男の子の一生が決まる、たった6つの心の習慣――。

このタイトルを見て、本書を開いてくださったお母さんは、子ども、特に男の子の将来のことを本当に真剣に考えておられることと思います。

子どもが成長してやがて大人になったとき、少し前までなら、普通の人なら誰もが自立した社会人になることができました。しかし今や、漠然とではあっても、「これからはもう、そういう時代ではなくなったのではないか？」、そんな予感を抱くお母さんは少なくないのではないかと思います。

ちょっとカタい話で恐縮ですが、少しだけ聞いてください。私は学習塾で小中

学生の指導に携《たずさ》わってきましたが、それ以前から長く大手企業で人の評価、そして採用に関わってきました。そしてそこで問われるのは、「企業が学生を選考する際にどこを見るのか」ということです。

もちろん業種やそれぞれの企業によって視点は違います。ですが、共通するのはその人物の将来価値をイメージして判断する、ということなのです。新卒者の現在の姿に期待しているわけではないのです。新人が明日からバリバリ活躍できるなどと、誰も思ってもいません。ではそうなると、学生たちのどこを見て将来の期待値をイメージしているのか、ということになります。

1つは過去の実績です。学業やさまざまな活動に関わる実績を見て、その延長線で活躍の度合いをイメージします。このあたりのことについては、拙著『稼ぐ男に育てる、たった6つの習慣』のなかで、「行動習慣がもたらす成果」という観点で書かせていただきました。

そしてもう1つは、目の前にいる人物の現在の姿から、特に心の中を観察し、「その人がこれから先、どのような場面でどのように考え、どんな行動を取るのだろうか」という側面から将来の人物像を読み取るのです。

これは、ちょうど小説を読み始めたときの読者に似ています。はじめの数ページを読んでみて、面白そうなストーリーがこのあと展開されるのかどうか？　そこで想像したり期待したりしますよね。人事担当者から見れば、そこが**期待値としての心と行動の習慣**になるわけです。

心も、行動も、どちらの習慣もひとたび身についてしまうと、よい意味でも悪い意味でも、そう簡単には変わるものではありません。行動の習慣はキッカケさえつかめば、どうにか変えることができます。ですが、心の内面にあるものは、その人の価値観そのものですから、そう簡単には変わりません。

女性でもあるでしょう？　ひとたび「イヤな人だな」と思ってしまった相手には、その気持ちはずっと続くでしょう？　それはあなたの心の中にある価値観に照らして、その人の考えや行動が、どうやってもあなたに合わないからなのです。

ですから、特にこの「心の習慣」ですが、これから社会に出るという段になって、いきなり都合よく身につけられるものではないのです。その人がそれまでの10年、

20年と生きてきた人生そのものなのですから。

では、子どもの将来の可能性を広げていく**「心の習慣」**は、いつ頃から、身についてゆくのでしょうか。

その子にとって、どういうことが大切なのか、逆にどんなことがどうでもいいのか。どういうことに興味があるのか、あるいはまったく関心がないのか。大きくなれば、社会や友だちとの関わりの中で新たな価値観が付加されていきますが、すでにその手前で定着した価値観は、そう簡単に変わることなく、土台になっていきます。

大切だと思う、そうは思わない。がんばろうと思う、そうは思わない。大人でも子どもでも、行動の裏側にはそういった価値観があります。そして、心のなかで次第に根を下ろしていく価値観は、将来のその子の考え方や行動に少なからず影響してくるようです。早い子では10歳くらいになる頃にはさまざまな面で見えてきます。

では、子どもたちの将来の志向や行動につながってくる「心の習慣」とは先天的なものなのでしょうか。まったくないとは言えないかもしれません。たとえば、まだ2～3歳の子でさえ、興味の対象や程度は分かれてきますし、おとなしい子もいれば攻撃的な子もいます。

ですが、私が多くの子どもたちを見てきたなかでも、特に男の子は、小学生の中学年を過ぎる頃には心のなかの気配が少しずつ変化していきます。そして次第にその子の価値観として定着していくようなのです。

こういった変化があるときには、必ず何か背景があります。そうであれば、子どもたちの日常生活のなかで上手に背景を作ってやることで、将来「生きる力のある男」になるための、心の変化に導くことができると言えるのではないでしょうか。

もちろん男の子は女の子と違って、お母さんがどれだけ働きかけても、そう簡単には変わりません。お母さんがいつもイライラするところですね。でも大丈夫です。

芯のある心を育てること
競争する心を育てること
自立する心を育てること
好奇心を育てること
道徳心を育てること
素直な心を育てること

これらの6つの心は力まずとも、普段の日常生活のなかで育むことで、やがて大人になったときに、しっかり自立して生きていくための土台となるのです。

もちろん、これらをすべて満たさなければならない、ということでもありません。すべてを満たしている人など、世の中にはほとんどいないでしょう。ですが、普段から自分の息子を観察していれば、「あっ、この子にはこういう側面がありそうだ」と気づくことがあるのではないでしょうか。

それらを、焦らず、将来をしっかり見据えて言い続け、心のなかに育つよう、働きかけを続けていきましょう。多少時間はかかっても、やがてその子の財産になります。

社会人対象の教育訓練のなかには、非常に厳しい研修を売りにしているものがあります。研修のなかで、これでもかと言うくらいの厳しい行動変革を要求し、ビジネスマインドを鍛えようということなのでしょう。ですが、いろいろ話を聞くと、そのときは必死に研修に食いついて行動を変えることができるようになった人でも、職場に戻って1か月、2か月と経つうちに元の人に戻ってしまう場合が少なくないそうです。

どういうことかと言うと、**心の中にあるものが変わらないのに、無理に意に反して行動を変えようとしても、そうは簡単にはいかない**のではないか、と私は思うのです。心のなかにあるものは、その人の人生数十年の蓄積なのですから、急に変えろと言われても、そう簡単には変えられるものではないと思うのです。

そう考えれば、いまの子どもたちにもこれから10年後、20年後を見据えた子育てや躾《しつけ》がとても大切だ、ということもおわかりいただけるのではないでしょうか。「まだ小学生だから……」などとのんびり構えていると、そのときになって辛い思いをするのはあなたの息子さんたちかもしれません。トコトコ走る貨物列車からいきなり新幹線に飛び乗れと言われても、そうはいかないでしょう。

ところで、最近では多くの大学で、保護者向けの就職ガイダンスなるものがあると聞き、ほとんど冗談だろうと思っていたら、ホントにあるのですね。20歳を過ぎた人間の親を「保護者」と呼ぶのもどうかと思いますが、そこまでしないといけないのかと、考えさせられてしまいます。私がいまでも採用する立場にいるなら、社会に出るのに親のサポートが必要な人を採用するのは躊躇します。

私は大手企業の人事部門で人の評価や扱いに関わる仕事に長く携わってきました。また、進学塾を9年ほど経営し、多くの子どもたちの指導にも関わってきました。その点で、常に私の視点は一定しています。

どうすれば、いまの子どもたちが、今後どんどん厳しさを増す社会のなかで活躍していけるのか？　そのためには、まだ小さいうちから何をすることが必要なのか？

本書もそのような視点で書かれています。

将来、あなたが息子のための就職説明会に足を運ばなくてもすむように、いまから準備をしようではありませんか。焦る必要はありません。息子の将来を思う気持ちさえ忘れなければ、ゆっくりと、でいいのです。いまからなら、まだ充分な時間があります。さぁ、始めましょう！

男の子の一生が決まる、たった6つの心の習慣　もくじ

第1章　がんばれる男にするには、芯のある心を育てよう

第4章 将来性ある男にするには、好奇心を育てよう

第5章 きちんとした男にするには、道徳心を育てよう

第6章　好かれる男にするには、素直な心を育てよう

第1章

がんばれる男にするには、芯のある心を育てよう

子どもの価値観の土台は、10歳までに

さて、お母さん方に質問です。

いまは子どもでも、男の子たちはいずれ社会に出て、仕事をしなければなりません。そのときに必要になる資質とはどんなものでしょうか？

ガリガリ勉強して一定の学歴を備えることでしょうか？　それとも、元気に伸び伸び育っていけば、放っておいても「使える人間」になるのでしょうか？

ひと昔前、ＥＱと呼ばれる「心の知能指数」というものが、活躍するビジネスマンの指標になると話題になったことがありました。このＥＱのほかにも、いくつかの同じような心理面からのアプローチによる評価ツールがあって、それらはいまでも有効性が認められています。そして多くの企業で、人を採用する際の人

事部のツールとして使われています。

類似のテストを含めて、それらは細かな質問形式で「こういうとき、あなたはどうしますか?」といった質問を数多く受けて回答するのですが、そこでは、その人物に潜在する価値観で、質問に対する回答も自ずと決まってきます。

私も、以前フィリピンで仕事をしていたときに、現地の幹部スタッフたちの分析をそれらのツールを使ってやってみたことがあるのですが、どういう仕事に向いているのか、あるいは不向きなのか、とても的確に言い当てていて、驚いたことがあります。もちろん、私自身についても、です。

つまり、その人が心のなかに持つ価値観で、何かをやろうとしたときの意欲や成果などがある程度見えてしまうわけです。

では、こういった心のなかの価値観は、いつ頃から固まっていくのでしょうか。

私が、多くの小学生、中学生たちと接してきたなかで感じたことですが、同じことをやらせようとしたときに、小学生の中学年、低学年でもすでに子どもたちは実にさまざまな反応を見せます。自分がやりたくないと思ったらテコでも動かず、やろうとしない子もいます。

H君は小学校2年のときにお母さんに連れられて教室に来ました。はじめは体験授業です。学力レベルを確認するために、最初はごく簡単な計算問題を与えました。でも彼は鉛筆を握ろうともしません。後ろで見学していたお母さんもさすがにあきらめて、「いやだ、Hちゃん。ちゃんとやってよね」と言ってその日は彼を連れて帰りました。彼は小学校2年にして、すでに「イヤなこと、面倒なことはしない」という価値観が心の中で定着していたようでした。

4年ほど経って、H君は中学校入学を目前にして、お母さんと一緒に再び教室を訪れました。しかし彼の所作はあのときのものと同じでした。お母さんに聞いたところ、当然と言えば当然ですが、勉強のほうはほとんど身についていないようでした。

あのときのお母さんの「ちゃんとやってよね」というお願いともとれる言葉は、やるべきときにはやるんだ、という毅然とした躾とは相当の距離を感じたものですが、彼が取っていた態度と無関係とは思えません。彼は「なんだよ、面倒くさい」と言って、そのときも動きませんでした。

小学生といえども、ひとたび固まってしまった価値観はそう簡単には変わらないのです。

もちろん、このことはよいほうについても言えることです。

自分にとって大切なことはなんなのか。楽しいこと、楽しくないことはなんなのか。我慢できること、できないことはなんなのか。こういったことは大人でも個人差があり、仕事の場面では大きな影響を及ぼすのです。面倒だけど、イヤだけど、必要だと思ったら動く。社会人には必要なことですよね。

くじけない心は、ちょっとしたひと言から

何年も前から、せっかく入った会社を数年と経たないうちに辞めてしまう若者たちの話を、さかんに聞くようになりました。いわゆるブラック企業の無茶な労働環境というものもあるようですが、それだけでもありません。

自分に合わない、というのがよく聞かれる理由です。

「自分らしく生きる」

最近、とてもよく聞かれる言葉です。確かに響きのよい言葉です。そうありたいと誰もが願います。ですが、社会との適合性をまったく顧みることなく、自分らしさだけを行動基準にしていたのでは、いわゆるニート的な人生になりかねません。

私が見てきた限りでも、たった1日出社しただけで翌日には姿を見せず、ロッカーにIDカードが残されていた、といった類の例もいくつもありました。本人にしてみれば、身分証を置いていった、ということが辞める意思表示のつもりなのでしょうが、寂しい限りです。

大人になれば、誰だってくじけることの連続です。自分に合わないからと言って、その場から逃げてばかりいたのでは、いつまで経っても居場所など見つかりません。

それでは、大人になってからも自分で自らの存在意義を認め、くじけずに社会とも上手に関わっていくためには、子どもの頃にどのような体験をさせたらよいのでしょうか。

私はよく山登りをするのですが、最近は若い夫婦で小さな子を連れて登っている光景を見かけることが多くなりました。自分の力ではるか高く見える山に登り切ることは、自然に親しむだけでなく、多くのことを子どもたちにも与えてくれます。

こんな様子を見たことがあります。

小さな男の子、小学校低学年でしょうか。山頂まであと少しのところで、すっかり歩く意欲を失ってしまった彼はしゃがみ込んでしまい、立ち上がろうとしません。「あと少しだ」「がんばれ」などと、ご両親も励ましていますが、動こうとはしません。私はその近くで休憩していたので、気になって見ていたのですが、後ろから登ってきた高齢の男性がその様子を見て、声をかけました。

「ボク、後ろを見てごらんよ。あんなに下からキミはここまで登って来たんだぞ。キミは強い子だな」

そう言われて、その子はしばらく自分がたどった軌跡を見ていました。

私は一足先に山頂に向かいましたが、少ししてからその親子もやって来ました。もう彼の表情は、さっきまでのグズっていた少年とは別人でした。やはり先に山頂で休んでいた先ほどの男性に、両親はお礼を伝えていました。

「あのひと言で、なんだか火がついたみたいです」

その一方、このお正月に、テレビで箱根駅伝を見ていたら、少しペースが落ちてきた選手に、伴走車の監督が大声で「何やってんだ！　男だろ！」と怒鳴っていました。そんな言葉でくじけそうな選手の心に火がつくのかな？　と思って見ていたら、案の定、そのランナーはさらにズルズル順位を下げてしまいました。大人だって、そんなふうに言われて心が奮い立つ人などいません。

最近は、ちょっとやってダメなら子どもには無理させない、そんな親御さんたちの話をよく耳にします。また、予想される障害はあらかじめ取り除いておく、といった「除菌教育」も幅を利かせている感があります。ですが、そうして育った子どもたちが、この先、立ちはだかる困難を乗り越えられるのか、はなはだ心許ない気がします。

小学生なら小学生なりの、中学生なら中学生なりの困難や心の葛藤に、ときにはぶつかります。そんなときに、**できるだけ彼自身の力で乗り越えてもらうことは、これからの「生きる力」を育むために、とても大切なこと**なのです。

「どうしてできないの！」とか、「○○君はできているじゃない!?」といった、そのような否定的な言葉かけが、ついつい口から出てしまうことはないでしょうか。それでは男の子の心には火つきません。

「でも、この前はよくがんばったじゃない」「やり続けていれば、あなたならちゃんとできる」

息子へのそんな信頼の言葉、母親からの言葉は絶大です。そうすれば、男の子はお母さんの期待に応えようとがんばります。その結果、今回は乗り越えられなかったとしても大丈夫。そんなことをやり続けていれば、どこかで何かを乗り越える日が来ます。その経験則の積み重ねが「くじけない心」を植えつけていくのです。

子どもの心に火をつけるのは、お母さん、あなたの言葉です

手助けもほどほどに

辛いことや困難なことを自力で乗り越えようとするとき、はた目にも「どうにかしてやらなきゃ」と思うことがあります。

教室で生徒たちを見ていると、手が進まず立ち往生してしまう生徒たちが少なからずいます。そんなときは、すらすら進んでいる生徒よりも、そういう生徒たちのほうがどうしても気になるものです。そういう場合、私はこうしていました。

まず、自分でどうにかしようとしているらしく、その子なりにもがいているとき。そういうときは、こちらも教えたい気持ちをグッとこらえて様子を見ます。自力で解決できるのなら、できるだけそうして欲しいからです。自分の力で正解を導き出せた！　という喜びは、勉強を楽しめる一番の王道だからです。

一方で、すっかり固まってしまっている子。そういう場合でも、答えまで教えるようなことはしません。「呼び水」をくれてやるのです。

たとえば計算問題なら、即興で類題を作って解いて見せ、あとは自分でやらせる。生徒に簡単な質問を織り交ぜながら、途中まで一緒に進めて、あとは自力で答えを出させる。そんなやり方で、答えまでこちらで導き出してやるような指導は避けていました。自分で解決して、自信をつけてほしいからですが、何かあったらすぐに人に頼る、そういう感性はあまり好ましくないと考えていたからです。

特に、日常生活のさまざまな場面で、なんでも困ったことがあったらお母さんが解決してくれる。そんな感性を男の子が小さいうちから体得してしまったらどうなるでしょうか。あまり想像したくない男に育ってしまいそうですよね。

もちろんこれは、突き放して放っておきなさい、ということではありません。

あくまでも横目で見ながら、どこまで手助けすればあとは自力でできそうか？

それこそ他人がとやかく言うより、日頃から見ているお母さんこそ、よくおわかりのはずです。

こんな男の子がいました。たとえば算数の問題です。

「やかんにはポットの2分の1倍の水が入っています。やかんには1リットルの水が入っています。ポットには何リットルの水が入っていますか?」

大人でも一瞬こんがらがる文章ですが、彼も少し考えたあとで「この問題、何を言ってんのかわかんないよ」と言います。私は「やかんの水は、ポット×2分の1」とつぶやきながら、「やかん=ポット×2分の1」と書きました。そして「じゃあ、わかっているもう1つの数字を入れよう」と言ったとたん、彼は「あっ!もういい。あとは自分でやる」と言って、それ以上の助けを拒否しました。私もそこから先は彼自身に考えさせようとしていたのですが、彼は自力で答えを出したかったのです。

いつも彼はそんな調子でしたが、自分で何かを乗り越えるたびに自信をつけ、できることの範囲をどんどん広げていきました。そして中学に上がってからも、勉強のみならず、体育でも評定5を取り続けたのです。

「勉強のやり方教えます！」などと謳《うた》う学習塾もありますが、これもどうなのでしょうか。勉強のやり方なんて、その子その子で千差万別。その子が、自分はこれがいい、と思ったものが一番いいのです。それは、あれこれやっていきながら自分で編み出すものです。できる子はみんなそうしています。

最近は本人が助けを求めているわけでもないのに、苦労させてはかわいそうだということなのでしょうか、子どもに過剰に支援を与えてしまっているように思えます。何かあったらすぐに心のケア。もちろん必要なときにはやるべきなのかもしれませんが、**むしろ、せっかくの「試練を乗り越える」という貴重な体験の機会を奪っている側面もある**のではないでしょうか。

宿題はその日のうちにやらせよう

社会に出て、いざ仕事を、となっても、きちんとした成果を出せない人たちが少なからずいます。そして、そういった人たちにはいくつかの共通する習慣があるものです。

たとえば、できる人は先取り体質、そうでない人はあと回し体質、これは多くの人が納得するのではないでしょうか。

面倒なことは誰だってイヤです。ですが、土壇場になって手をつけるようでは、充分なことはできません。そしてこのことは、小学生でもすでに個人差が表れているのです。

「ねぇ塾長、宿題ってどこだっけ？」

こういう電話を、いつも塾に来る時間の1時間くらい前になってかけてくる生徒がいました。塾の教室では、必ず宿題を課していましたが、あきらかに登塾寸前にバタバタやってくるという生徒は、小学生なら男子で、少なからずいました。やるべきところをきちんとメモしていない、ということも課題ですが……。

そういった場合、見ればすぐにわかります。短い時間では表面上の体裁を繕うくらいのことしかできませんから、機械的な作業しかできません。つまり、よく考えて問題を解くといった、子どもたちにとって大切な仕事にまで行きつかないのです。

やるべきことをあと回しにする。ここにはほかにもいくつかのネガティブな要素があります。

まず、**せっかく理解した大切なことを、どんどん忘れてしまいます**。

やったことはできるだけ早いうちに確認し整理する。これは将来なるはずの、ビジネスマンとしての基本中の基本ですね。教室では、授業のあとも居残って、宿題をかたづけてしまう、そんな生徒たちもいました。結果は言わずもがな、ですね。

あと回し体質のもう1つのよくないことは、**問題がどんどん大きくなってしまうこと**です。

子どもたちの勉強でいえば、すぐにやればわからないところをもう一度やり直すのに時間的な余裕がありますが、放っておくとその時間もなくなってしまいます。つまりわからないことが雪だるま式に膨らんでしまう、ということです。そうすると、やがては、「勉強なんてできなくてもへっちゃら」。そんな男の子になってしまいます。

大体において、私たちにとって、ひとたび習慣化されたものは、きちんとそうなっていないと収まりの悪いものです。このことは子どもたちにもあてはまるのです。

先ほどの、宿題をさっさとかたづけてしまう男の子は、あやふやなところがあればもう一度質問して、理解を確実なものにしていました。そしてケリをつけてしまうといつも言っていました。「あー、せいせいした。これで明日は遊べる」と。そうです。

「どうせやらなければならないことなら、さっさとかたづけよう」。

この心の習慣を持つことは、何もむずかしいこともなく、しかも男の子の将来のためにはとても大きな財産になるのです。

お母さんたちもそうではないですか？　部屋の中が散らかったまま外出して、帰って来てから掃除するのと、掃除したあとで外出するのとでは、どちらが外出を楽しめるでしょうか？

家じゅうで、面倒なことはどんどん先にすませておく、日頃からそんな生活を心がけておきましょう。

我慢の経験、させていますか？

最近、ファミレスなどで食事をすると、気づくことがあります。見たところ、多くのレストランで玩具類を売っています。もちろん経済活動は原則自由ですから、どこで何を売ろうと、とやかく言うつもりはありません。でも、多くのところで売られているということは、そこで子どもたちや孫たちに買ってあげる親御さんや祖父母の方々が決して少なくはない、ということでしょう。

そもそも玩具を買つもりなら、最初から専門店などに行くでしょうから、ファミレスのレジの横に並んでいるオモチャはどう見ても、せがまれての衝動買いですね。「人のカネで何を買おうが勝手だろう」とお叱りを受けてしまいそうですが、そういった行為の積み重ねがどのような影響を及ぼすのだろうか？　そう考えるとやはり老婆心ながら心配になります。

最近、過剰な万能感を持っている子どもが多くなったと感じるのは、そういったことと無縁ではないように思えるのです。我慢することなく、欲しいものがなんでも手に入れば、それは歪んだ成功体験になりはしないでしょうか。自分の言うことや希望が拒絶されることなく、どんどん通ってしまうという経験を重ねることは、子どもたちにとって望ましいものでしょうか。

最近の子どもたちと接していると、「彼らは自分が大人と対等な存在だと思っているのではないか」、そう感じられることがあります。もちろん個人としての尊厳は対等でしょう。ですが、立場というものがあります。

たとえば、会社の新入社員が〝指導を乞う〟身分でありながら、先輩社員と五分五分の態度で接するなどあり得ません。あくまでも、子どもたちも「教わる立場」「見習う立場」なのです。ばかていねいで慇懃な言葉遣いなどは必要ないでしょうが、ふさわしい態度や、言っていいこと悪いこと、そういったものはあります。

「えーっ、なんで？　コピー機使わせてよ。オレたちカネ払ってんだからさぁ」

教室には、教材を用意するためコピー機があります。遊びで機械を使おうとして小学生たちが言った言葉です。言葉遣いもそうですが、自分たちを「お客」としてとらえている、その感性はいかがなものでしょうか。

最近の子どもたちは、コンビニやファストフード店でモノを買うことが普通にあります。すると、店員さんたちから大人の客と同じように「ありがとうございます」と言葉をかけてもらえます。つまり一人前のお客さん扱いされることに慣れてしまっているのです。社会全体がそのような環境になれば、一歩引いて自分を抑える、そういう経験をあまりしないまま成長してしまいます。

子どもに我慢をさせる、ということについてはいろいろな意見があります。無理に我慢を強いる必要はないとか、我慢させるときには必ず納得させるとか、さまざまです。ですが、あまり我慢という体験をすることなく、自分の思いがほとんど通ってしまう、そんな歪《いびつ》な成功体験を子どもたちが積み重ねて社会に出る。想像すると、ちょっと恐ろしさを感じないでしょうか。

社会に出れば、納得しようがしまいが、従わなければならない流れにも乗らなければなりません。ちょっと前まで聞いたこともなかった授業中の立ち歩きなどにしても、そういったことと無縁ではないように思います。

世の中全体が物質的に豊かになってきた今日では、ありがたいことにモノについての我慢はしなくてもすむような環境になりました。だからこそ、**この「我慢の経験」というテーマは、あえて意識しておく**必要があります。

欲しいと思ってもすぐには買わない、１つ叶えたら１つは我慢する、ある目標に到達するまでは別のことは我慢する……。そんなふうに意図的に我慢を体験する機会は、案外身のまわりにあるものです。そして、**親子でともに我慢を共有する**のです。

海外旅行に行くなら今年は遠出を控えるとか、外食の回数は減らすなど、何かを叶えるなら、何かは抑える。お父さんお母さんも実践することで、そんなカルチャーが家族全体に根づけば、我慢する心が無理なく子どもたちにも浸透するのではないでしょうか。

成功体験から自己肯定感へつなげる3つのこと

少し前によくない意味での成功体験について触れました。では、子どもにとってのよい成功体験。子どもたちが努力してつかんだ結果や体験。これは誰にでもその効果をイメージできると思います。

私の教室では、小学生でも定期的にテストを行っていました。そしてこのテストでは、ちょっとした〝仕掛け〟を施していました。どういうことかと言いますと、テストの前の週に、テストに出る出題のいくつかについて類題を作って、それを含めた学習します。そして、「いま学習したなかでいくつかはよく似た問題が出るよ」と伝えます。するとどうなるか——。

子どもたちはがんばって予習してきます。誰もがテストでいい点、できれば

１００点を取りたいのです。男の子もお母さんに見て喜んでほしいのです。もし今回、１００点は取れなかったとしても、「この次は……」といった意欲を持つようになります。

「塾長、次のテストはいつですか？」。もう、テストが待ち遠しい、そんな声を数えきれないくらい聞きました。

いい結果は、次へ次へとつながります。そしてなんと言っても自分の能力に対する自信につながり、それが望ましい自己肯定感につながるのです。

このような形での成功体験は中学生より小学生で有効でした。中学生になると、どうしても出題の難易度が上がり、成果がやや出にくくなることと、なんと言っても小学生ならまだ素直で、言われた通りがんばるからです。

それでは、子どもたちに成功体験を経験させ、それを彼らの自己肯定感、そして芯のある心につなげていくためには、お母さんたちにはどのようなことに留意していただきたいのか、３つ挙げます。

まず、**よい結果をつかんだのなら、どんな小さなことでも褒めましょう。そして、結果もさることながら、できればがんばったプロセスを褒めてやってください**。プロセスを褒めるということは、人間としての内面を褒めている、ということです。男の子には効きますよ、これは。

それから、うまくいかなかったり、失敗したときのことです。これからの長い人生は子どもたちにとっても、おそらくは失敗の連続のはず。だから子どもたちだって、失敗はあっても、くじけてばかりもいられません。**とにかくがんばったことはしっかり褒めてあげましょう**。

すると、何がいけなかったのか、子どもなりに自分でちゃんと考えます。それがやがて得られる成功への糧となり、失敗しても乗り越えた、という経験則が芯のある心につながるのです。

次に、**自力で乗り越えてもらうこと**

これはとても大切なことです。あれこれ必要以上に手助けをしてやったり、お母さんが先回りして障害を除去してしまったりしては、結果が得られたとしても、それでは成功体験とはいえません。**基本は、「自力で」**です。

それからもう1つは、**親も一緒に喜ぶということ**です。

男の子はお母さんの喜ぶ顔が見たいと思ってがんばっている。

そのことを忘れないでください。

よい成功体験とは、努力して乗り越える体験です。それは望ましい自己肯定感をもたらします。そして悪しき成功体験は自己万能感へとつながる。そう理解しておきましょう。

男の子の集中力をつける４つのポイント

男の子を育てている多くのお母さんたちにとって、わが子に「集中力が続かない」というのは、悩みの中でも上位にランクされるのではないかと思います。

でも、実際のところ、小学生中学年くらいの男の子では、集中力があるというほうがめずらしいのです。というのは、面倒なこと、イヤなことに延々と取り組むなど、この頃の男の子にとっては「まっぴら」なのです。ですから、集中して机に向かって勉強する、そんなことができなくても、言ってみれば普通のことです。

ですが、それならいまのままでいいのかと言えば、そういうわけにはいきません。集中して勉強することができたほうがいいに決まっています。なんと言っても、あまり好きでないことでも集中して取り組める、というのはその子の「心の習慣」です。心の習慣というものはひとたび身につけば、大人になっても簡単には失われません。では男の子はどんなときに集中できるのでしょうか。

まず、言えることは、**ものごとに勝ち負けが関わると男の子はとても集中します**。体を使う遊びでも、頭脳の勝負でも、男の子は負けることが嫌いです。ある程度大きくなってきて、自分の力量が見えてきてしまうと勝負そのものを避けるようになってきますが、まだ小さいうちなら、けっこうがんばって挑みます。

たとえば、オセロゲームなどはいかがでしょうか。私の教室ではある時期、小学生の子どもたちの間で流行っていました。誰かが小さなゲーム盤を持ってきて、休憩時間中や授業が終わってから、何人かでかなり熱くなって興じていたものです。ルールそのものはそれほど複雑ではありませんから、小さい子どもでもできます。先を想像し見通すというのは、右脳の発達にもよいと言われています。比較的短い時間で決着がつくというのも集中力の持続時間を考えてもよさそうです。

いま、**短い時間でケリがつく**、と申し上げましたが、実はこのこともポイントの1つです。大人でもそうですが、延々と続くことで、ずっと集中しろと言われてもそうはいきませんね。通勤の電車で読書をするという人も、そういうことなのだろうと思います。

もちろん、いくら集中力がつくといっても、ゲームばかりというのでは、考えもの。ゲームはあくまでもキッカケです。勉強や、イヤなことにもどれだけ集中できるか。ここで必要なもう1つのポイントは、**目標や期待感があること**です。テストで100点を取って友だちに自慢したいとか、お母さんに褒められたいとか、そんなことが男の子にはモチベーションになります。

そして、いい結果を出し続けられるようになると、それは自分自身のプライドになります。つまり、不本意な結果では満足することができなくなるのです。目標に達するために、自然と自ら集中してものごとに向かうようになります。これこそが勉強のできる子の姿なのです。

集中して勉強に向かわせるために効果的なもう1つのこと。それは、**やりたい**

ことの前にやるべきことをやらせるということです。順序を逆にしてしまうと、どうなるか、想像できると思います。これは日頃から、子どもとの約束ごととして決めておくと、すんなり受け入れるのではないでしょうか。

逆に、子どもに集中して勉強させるために、やってはいけないことも1つ。**子どもには勉強をさせておいて、親やほかの兄弟たちがテレビやゲームに興じている。これはいけません。**勉強に集中できない理由を子どもたちに聞けば、いの一番に出てくるのがこれです。

「だったら、テレビやゲームの音を消せばいいんでしょ？」

それも違います。音は少々なら勉強の集中の妨げにはなりません。でも、子どもには勉強しろと言っておいて、すぐ隣で親はテレビやゲームで楽しんでいる。これでは集中する気にならないでしょう。

集中力を身につけ発揮できるかどうか。これは目の前の勉強にとどまりません。将来社会に出て仕事をするときに、困難や複雑さを伴う仕事に適応できるかどうか、でもあるのです。

芯のある心を持った、がんばれる男の子に育てるために
―第１章のポイント―

★ **子どもの心に火をつけるのは、お母さん、あなたの言葉です**

★ **「どこまで手助けすればあとは自力でできそうか？」で見守る**

★ **なんでもかんでも手を差し伸べることで、「試練を乗り越える」というせっかくのわが子のチャンスを奪ってしまっていませんか？　自分自身の力で乗り越えることが「生きる力」を育てる**

★ **宿題をその日のうちにやる習慣が、将来、仕事のできる「先取り体質」を作る**

★ **我慢を経験させる。我慢することを知らず、なんでも思いどおりにさせてしまうと、それは歪んだ、悪い成功体験となってあとあとまでよくない影響を及ぼす**

★ **成功体験を自己肯定感へつなげる３つのこと**
①よい結果なら、どんな小さなことでも褒める。そのときは結果よりもプロセスを褒める　②できるだけ自分で乗り越えさせる　③親も一緒に喜ぶ

★ **集中力をつける４つのポイント**
①勝ち負けが関わることをする　②短い時間で結果や成果が見えるものをする　③やってやろうという目標や、ワクワクする期待感が持てることをする　④やりたいことの前にやるべきことをする

第2章

伸びる男にするには、競争する心を育てよう

伸びしろのある男の子にしよう

お母さん方にお聞きしてみたいのですが、いまの旦那さんを選ぶときのポイントは何でしたか?

愛情や誠実な人柄、または腐れ縁でズルズル、という場合ももちろんあるでしょう。ですが、いくらかでも男としての将来性、これを考えたことだってあるはずです。「この人はこれからきちんと仕事をして、それが評価されて、経済的にしっかり自立できる家庭を築けるだろうか?」と、少なからずお考えになったのではないでしょうか。

実は男同士でも、大人になればそういう目でお互いを見るようになります。この相手にはどんな可能性があるのだろうか。そんな目で見ます。つまり人物としてのこれからの「伸びしろ」を見るのです。自分にとって有意義な相手なのか、あるいは組織にとって今後を期待できるだろうか。つまり、あなたの息子さんが社会に出るときには、そういう目で周囲から見られる、ということです。

試しに、ウェブで「こんな人に来てほしい」と打ち込んで検索してみてください。多くの会社のコメントが出てきます。少し前とは、必要とされるタイプが変化してきています。向上心、挑戦心、夢・ビジョンなど、最近の厳しいビジネス環境から、力強い人間が求められていることがわかります。

大人の世界でいえば「伸びしろ」のない男というと、現状に甘んじる人、失敗を恐れる人です。失敗を恐れるということは、チャレンジしない、競争のなかに首は突っ込まない、ということです。何しろ競争には負け、すなわち失敗がつきものですから。ですから、そういう人は現状を守り維持する方向に向かいます。もちろん、仕事には現状を守ることが重要なものもありますが、いまここで申し上げているのは、あくまでも人間個人としての話です。

「伸びしろ」のある男の子。本書全般にわたるテーマでもあるのですが、**しっか**

りと上を向いて、努力を厭《いと》わずがんばる子です。これから社会に出たときに、活躍を期待されるのは、必ずと言っていいほど、こういうタイプの男の子です。

しかし、最近ではそのようなタイプの男の子が少なくなってきているように見えます。そこには、やたらと草食系男子がもてはやされてきた時代背景もあるのではないでしょうか。目標を持って上を目指せば、当たり前ですが、そこには必ず競争があります。ですから男の子の将来は、競争社会からあえて目をそらし逃れていては、自立した人生を組み立てることが困難なのです。

多くの子どもたち、さらには大人を評価して言えることは「**伸びしろのある男**」**として典型的なタイプは、ほぼ間違いなく、競争から目をそらさない人たちです。**

もちろん、ここで言っている競争とは、勝つためには手段を選ばないとか、平気で人を蹴落とすとか、そういうことではありません。そういう人に対しては、社会人としての適合性に多くの人が疑問を感じます。

それでは、まだ小さな男の子に無理なく、いまから競争心の土台を作っていくためにはどうしたらよいのでしょうか。

「伸びしろ」のある子こそが自らの未来を切り抜いていく

競争する心の土台は、やはり成功体験から

ある地域の公立小学校では、学級委員を置かないというケースがあるそうです。差別につながるとか、委員になれなかった子どもの心が傷つくとか、強い意見があったからだそうです。冗談かと思っていたら、本当のようでした。

同じような理由で、社長も部長も課長もいない会社などあるのでしょうか。もしあったら仰天モノです。そのような環境で育つ子どもたちも、いずれ社会に出たときには、上下関係のなかに放り出されます。「心に傷を負うから平等にしてくれ」とでも言うのでしょうか。

もちろん子どもたちは大切に育てなければなりませんが、子どもたちを試練や競争から遠ざけ、どんどん優しく曖昧にしていく最近の風潮は、子どもたちをま

すます弱くしてしまっているような気がしてなりません。社会に出たときのギャップに順応できるのか、ちょっと心許ない気がします。

子どもたちが無理なく自分から競争できる心を持つためには、大切なポイントがあります。それは、**その子にとって自信を持てる何かがあること**です。

子どもたちを見ていると、積極的に競争に加わる子と、競争からは遠ざかる子がいます。そしてよく観察して見ると、競争に積極的な子は自分自身で何か得意なものを持っていることが多いようです。

特に体育系の、体を動かす能力は、はたで見ていても優劣がはっきりするので得意な子は自信を持ちやすく、この方面で自信のある子は、ほかの場面でも自分から競争を楽しむ傾向が感じられます。もちろん誰もが生まれつき運動能力に秀でているわけではありません。そこで、勉強で何か１つ得意分野を持つことでも同じことが言えるのです。では、どの科目ががんばった分の成果が得やすいでしょう。

意外だと思われるかもしれませんが、**小学校中学年くらいまでなら、ズバリ「算数」**です。

算数は高学年になれば、ものごとの原理や論理的思考の組み立てがだんだん要求されるようになりますが、この頃まではまだ計算力が中心です。単位の覚え方や換算など、ちょっと苦手にする子もいますが、ここはお母さんがたとえ付け焼刃であったとしても、充分に教えてあげることができます。計算ならがんばって練習すれば、どの子でも100点を取るチャンスがあるのです。

子どもたちを見ていると、何かを乗り越えて、ある科目に自信ができると、その子は表情もガラッと変わります。たとえ何かの競争でうまくいかなかったとしても「でも、自分には得意なものがある」という気持ちは心の支えになります。周囲の仲間たちも一目《いちもく》置いてくれます。だからまた別の競争にも入っていかれるのです。

そうしてみると、**お母さんお父さんのやることは、あなたの息子に何か得意な分野をつかませること**なのです。算数以外でも理科や社会、どこかに彼が興味を持ちそうな対象はありませんか？　ここは親の仕掛けどころです。博物館に連れていく、郷土資料館に連れていく。何かに興味を示したりしませんか？　男の子は、興味を感じたことには、けっこう首を突っ込みますよ。

そうやって、得意なものを1つでもつかめば、彼らは自信を持って競争する世界に入っていくことができるようになります。

ここでお母さんに1つお願いがあります。

たとえ、競争でうまくいかなかったとしても、がんばったことについては褒めてあげましょう。

男の子には結果もさることながら、そのプロセスを評価されることが何よりうれしい。それが次から次へとやってくる競争でのモチベーションになります。

競争相手の存在が男の子を伸ばす

教室で見ていても、適度なライバル心を持った男の子たちは、お互いにそれぞれが伸びていくのがわかります。男の子同志のライバル心というものには、意外に友情もあったりして、見ていても気持ちのいいものです。

M君とS君はともにサッカー少年。学校も幼稚園から一緒で仲のいい2人です。2人とも運動能力は高く、勉強もよくできます。2人の話を聞いていると、サッカーはM君の方が少し上手らしく、S君はその分、勉強では負けじとがんばり、M君より少し上です。実は、この2人が中学校に上がったとき、こんなことがありました。英語を習い始めて少しして、「これから毎週単語のテストをやるから、よく予習してくるように」と生徒たちに告げたのですが、この2人は口をそろえて「オレたち日本人なんだから、英語なんてできなくったっていいじゃん」と言います。そして翌週のテストでは、まったく勉強しなかった2人はさんざんな結果でした。こういうとき、女の子はしっかりしています。ちゃんと勉強して、ほとんどの子が満点です。

さて、この2人。S君は「これはまずい」と思ったのか、こっそり勉強したらしく、次のテストでは満点でした。一方のM君は、相変わらず手を抜いていたらしく、やっぱり半分もできませんでした。彼はそのときも口では「英語なんて別にどうでもいいさ」とうそぶいていましたが、S君に出し抜かれたことで、その表情には悔しさでいっぱいな気持ちがあふれていました。するとどうでしょう。

M君も今度はしっかり取り組んだと見えて、次回には満点を取りました。2人ともこの先は英語でつまづくことはほとんどなく、どんどん身につけていきましたが、2人のライバル関係がなかったらまったく違う状況になっていたかもしれません。2人とも自信のある分野があるから、お互いを認め、それぞれが自己肯定感も持っています。なんだか理想的なライバル関係だと思いませんか？

それぞれのお母さんともよく話をしましたが、お互いに2人の切磋琢磨する関係をとても好ましいものと受け止めておられました。

小学生でも学習塾に通っている生徒は少なくないと思いますが、見ていても、レベルの近い生徒同士でのグループ指導のほうが、やはり伸びる生徒が多いと感じます。**心に火をつけてくれるライバルが近くにいるのといないのとでは、特に男子の場合は伸びが違う**のです。

何年か前、実業団の駅伝の最終ランナー3人が、最後の数百メートルで壮絶なデッドヒートを繰り広げていましたが、それぞれが単走だったら、とてもあのような走りはできなかったのではないかと思いました。

負けたくないライバルの存在は人間をひと回りもふた回りも大きくしてくれるのではないでしょうか。**そのためにも、これだったら自信がある、というものを早く子どもに持たせたい**ですね。ライバルは子どもが自分でちゃんと見つけます。

ライバルが近くにいるのといないのでは、
特に男子の場合、伸びが違います

親が競争を焚《た》き付けるのはＮＧ

私の教室では、毎年数回ほど三者面談を行っていましたが、なかにはこのような話し方をされるお母さんもおられました。

「○○君とは以前は同じような成績だったのに、最近はどんどん差をつけられちゃって……。もっとがんばってよね」

さて、こう言われて発奮する子はいるでしょうか。

まず、ほかの子どもとの比較というのがいけません。お母さんとしてハッパをかけたい気持ちは理解できますが、この言葉では、心の中に届きません。

女の子の場合には、お母さんからの言葉だけで動くことも少なくありませんが、男の子の場合は、自ら「やるぞ！」というスイッチが入らなければ、なかなか動かないものなのです。親が特定の子どもをターゲットにして競争をけしかける、というのは感心しません。では、男の子は自分の心に「やるぞ」というスイッチを、どのようなときに入れるのでしょうか。

私たちが子どもの頃なら、普通の外遊びのなかで自然と競争がありました。特に男の子の遊びの中には、必ず勝ち負けというものがあったからです。じゃんけんで2つのグループに分かれて、馬乗りや、石蹴り、缶蹴りなど、いま思い出しても懐かしい。「ずるいぞ！」「おまえ汚ねえぞ！」などと言い合いながらも、勝負に勝つことの楽しさや、負けることの口惜しさを体得していきました。

ところが、このごろはそういう外遊びをする子どもたちの姿がすっかり減りましたね。それに代わって、最近では習いごとやスポーツなどがそういう場面を提供していると言えるでしょう。知っている限りでも、実に多くの子どもたちが野球やサッカー、水泳といったスポーツだけでなく、ピアノや絵画、パソコンなどの教室に通っています。

それらは、単に勝ち負けという結果だけでなく、仲間同士のなかで技量の優劣というものが子どもたちなりにも見えてきます。ここが案外大切なのですね。

子どもたちは、自分がやりたいこと、好きだと思うことについては、勝ちたい、評価されたい、そういう気持ちを自然に持つようになります。そこではその自然な気持ちに任せてもいいのではないでしょうか。

大切なことは子どもたちにとって、それが熱中したいものであることです。

たとえば、これからは英語が大切だからと言って、本人にまるで興味もないのに教室に通わせても身が入りませんし、競争意識も芽生えません。もちろん、本当に必要なものの場合は、なぜ必要なのかを話して、理解させることも必要です。

それから、よく聞く話なのですが、自分の子どもがレギュラーになれなかったとか、演劇なら主役で使ってもらえないとかで親がクレームをつけるとか。

少なくとも私が知る範囲では、そのような親御さんはほとんど見ませんでした。

ですから、多少誇張されているのかもしれませんが、もしあるとすれば、これはいただけません。まず、**男の世界では、ものごとの解決のために親が出てくるというのは、その子にとって、かなり恥ずかしいこと**です。つまり、自分の息子の面子《メンツ》をつぶすに等しい。そんなことが周囲に知れると、その子は、仲間内で冷やかされたりします。いじめられている子どもが親に黙っているとすれば、背景にはそんなこともあり得るのです。

もう１つ、気にしておいていただきたいことがあります。子どもによっては、内に秘めている気持ちがあっても、競争心をむき出しにしない子もいることです。そのあたりは、普段から接しているお母さんが一番よくご存じのはずです。

そういう子は勉強でも、あまり多くを語らず、むしろ人一倍コツコツ努力します。いい結果が出たときには、しっかり褒めてあげましょう。そういうタイプの男の子は、あまり大げさな反応はないかもしれませんが「お母さんがちゃんと見ていますよ」という気持ちは充分に伝わるはずですし、それこそ大切な自己肯定感につながります。

競争する心は、塾選びでも重要ポイント

最近の統計によれば、小学生で学習塾に通う生徒の割合は4割から5割に達しているそうです。塾と言っても、中学受験に向けた進学塾から小さな補習塾までさまざまです。それぞれの子どもによって、どういうスタイルの塾を選んだらよいのか、しかるべき着眼点があるのですが、実際のところ、親御さんたちもさほど考えずに選んでいるケースが多いように見えます。もちろん、周囲の評判や合格実績、そういったことも大切なのですが、その教室が本当にその子に合っているのかどうか、実はこのことこそ見逃してはならないポイントなのです。

塾長や講師との相性、そこに通っている生徒たちとの交友関係、それとともに気にしておきたいのは、授業のスタイルです。

進学塾なのか補習塾なのか、規模の大きい有名塾や地元の個人塾。そういった区分けとともに、ぜひ目を向けていただきたいのが、グループ指導か個別指導か、という指導形態です。

もし、ほぼ平均的な学力をすでに持っていて、その子に友だちと上を目指して競い合う心が見えるなら、私はグループ指導をお勧めします。

グループ指導といっても、小規模の塾なら１クラス５〜６名という少人数のところが多く、そういったところなら、先生の目も行き届きます。そして何より、同レベル、または少し上の学力を持った生徒たちがその教室にいるなら、それは理想的な環境と言えるでしょう。ものごとがいざ始まってみると、男の子たちには、負けたくないという気持ちがむくむく頭をもたげてくるものです。

私の教室では、できる子はどんどん先に進む、という無学年式の教材を小学生には使っていました。するとどうでしょう。彼らはまわりにいるライバルたちに負けじと、驚くほどの集中力で先に進みたがります。もちろん、理解が不十分なまま先に進ませることはしませんでしたが、遅れが出る子のなかには、指示したわけでもないのに、自宅でテキストに取り組んでくる子もいたのです。そして、ある程度ついていけることがわかると、それはその子の自信にもつながるのです。

適度な競争というものは、その子自らの向上心にも火をつけるのですね。

なかには、それほど競争心がないように見えていた（お母さんもそう思っていた）子でも、いざやらせてみたところ、実は「負けたくない」という気持ちはしっかり持っていたということがわかって、お母さんもびっくり。そういうことだって決して珍しくはないのです。

どうしても周囲のペースに影響されたくない場合は、個別指導のほうが向いているでしょう。しかし、個別指導といっても、生徒2人あるいは3人に対して講師1人というのが一般的で、その場合は家庭教師のように先生がつきっきり、というわけではありません。ですから、自分から積極的に講師に質問したりしないと、単なる自習になってしまうことがある、というのが留意点です。

適度な競争は子どもの向上心に火をつけて、自信につなげます

なかなか競争心が見えない……、そんなとき

そうは言っても、まだこの時期の子どもなら、競争する心が旺盛な子もいれば、目立っては見えない子もいます。自分の心に火がつく場面がなければ、競争する心を持ちなさいと言われても、持てるものでもないのです。

しかも、競争そのものは目的ではありません。**目標や結果に到達するためについて回るもの**と考えていただくとわかりやすいでしょうか。ところが、なかには競争の勝ち負けが前面に出てしまっている子（なかには親御さんも）も、まれにですが、見かけることがあります。

誰かと張り合うことだけが向上心につながるわけではありません。

自分なりに目標に向かって、日頃からコツコツ努力を積んでいる子なら、何も

心配することはないのです。

やがて、そういう場面が訪れれば、積極的な気持ちで向かっていくはずです。

こんな男の子の例は、１つの参考になるのではないでしょうか。勉強そのものに不真面目ではないのですが、意欲がいまひとつ、と見られていた男の子でした。教室には3年生のときから来ていました。

親御さんも「もうちょっと意欲を前面に出して欲しいのですが……」とおっしゃられていましたが、マイペースな彼はどこ吹く風です。

そんな彼も、友だちのなかで中学受験を目指す子たちがポツポツ出てきた頃でした。家庭での話題にもそんな友人たちの話が出たそうで、それならば、ということで父親からある提案があったそうです。

「いっぺん、全国模試でも受けてみたらどうだ」

彼はそれまで中学受験を目指してきたわけではありませんから、そのための勉強はしていません。私も相談を受けましたが、かなりガッカリする結果が出る可能性が見えていたので、積極的にはお勧めしませんでした。ですが、彼は「やってみる」と言います。

予想通り、初めての模試ではさんざんな結果となりました。彼が持ってきた成績表を見て、私も「うーん……」と唸ってしまいましたが、彼は「いいよ、またやるから」と意外とサバサバしていました。でも、彼が「またやる」と言ったときの表情からは、それまでに彼が見せたことのない目つきが見て取れました。

彼はそれまでは勉強でも、むずかしいところはできなくてもあまり気にしていなかったのが、その頃を境に、わからないところでは食い下がるようになりました。

決して彼にはライバルがいた、というわけではありませんが、試験の結果出てきた偏差値や合否判定の数字が彼のモチベーションに火をつけたようなのです。数か月後には、彼は志望校（仮想の）のランクを上げて模試を受けていました。

やがて彼は、その当時の彼からは想像もつかないくらいの中学に合格してしまったわけですが、最後の最後まで、特定の誰かと競い合うというようなことはありませんでした。

まだ子どものうちは、友だちに負けたくないという気持ちで競い合うことが、向上心につながることが多いのですが、彼のように**目標に挑み続ける気持ちが、がんばる心の支えになることもある**のです。それもお父さんのちょっとしたひと言がきっかけで、こんなに大化けしてしまうことがあるのも、男の子ならではですね。

こんな子はマイペースでも大丈夫

子どもたちもやがては社会人になり、多くの人が企業などに仕事を求めるようになります。これまでお話してきたことからすれば、「それでは、競争心のない人は採用の対象にならないのか？」ということになりますが、そんなことはありません。

営業職のような仕事なら、確かに挑戦や競争といったマインドが必要になるでしょう。よく聞かれるノルマや、壁に貼り出される営業成績の棒グラフ、折れ線グラフ。ちょっと古典的とも言えますが、「負けないぞ！」という気力を奮い立たせるやり方ですね。この本を出している出版社だって、案外似たようなことをやっているかもしれませんよ。

しかし職種によっては、コツコツ地道に取り組まなければならない仕事だってあります。研究開発や、知的財産、経理などの専門分野。こういったところでは、じっくりと深く掘り下げるマインドが求められます。そういう仕事で求められるのは、競争心以上に、粘着質で妥協しない心を持った人なのです。

子どもに競争心がまったく見られず、「こんなことで大丈夫なのかしら？」と思われるお母さん方はけっこう多いようです。ですが、**興味を持ったことに深く没頭し、集中できる子なら、それはそれで大丈夫**。むしろ、そういう子には、興味のないことで無理やり競争を煽ることは控えたほうがよいのではないかと思います。かえって自信を失い、その子の持つせっかくの持ち味をつぶしてしまうかもしれません。

H君はいわゆる鉄道オタクでした。車両の型式だけでなく、鉄道路線の駅名、快速停車駅までも興味の対象でした。教室にいたときも、時間を見つけてはインターネットで鉄道に関することを調べていました。そして、休日には実際にあちらこちらの電車に乗っていたのです。小学生が1人で、です。

彼は、中学から高校に上がるときは、公立高校の中堅以上を目指せるレベルにありましたが、鉄道員を養成する高校に進学しました。ずっと「将来は地下鉄の運転手になりたい」と言っていましたが、その気持ちにブレはなかったのですね。

K君は数学オタクでした。小学生のころから理数系しか興味がなく、中学生になるとますますその傾向が強まり、彼は空いた時間には普通の生徒が手を出さないようなクセのある問題を熱心に解いていました。

彼も高校受験のときには、公立の上位校を受験できるレベルにありながら、周囲の反対を押し切って高専に進学しました。どうしてもやりたい勉強に没頭したかったのですね。

この2人、興味の向かう先は違いますが、よく見ているとと似ているところがあります。

まず、マイペース。やりたいことに集中します。かといって、やるべきことにまったく背を向けているわけではなく、全体としての一定の学力は備えているのです。ですが、「この科目はここまでやったのだから、あとはもういい」という考え方のようで、好きな科目以外は平均点が取れていればいい、と言わんばかりの勉強の仕方でした。

そして、ここは心の持ちようとして、男の子には案外大切なことなのですが、２人ともガンコでしたね。自分でこうと決めたら、譲れないところでは簡単には妥協しないのです。**将来、技術職や専門職に就くのであれば、この「こだわる」という心は大切なもの**なのです。

息子さんをよく観察して見てください。もし、小学生のお子さんにほとんど競争心が見られなかったとしても、**一途に没頭し、ガンコにこだわる面が見られるのなら、悲観することはありません**。意外と将来の可能性はあると思いますよ。

目標や結果のために、競争にも向き合える男の子に育てるために
—第2章のポイント—

★ **将来社会に出たときに、求められ、活躍が期待される「伸びしろ」のある男の子とは——**
①失敗を恐れずチャレンジする子　②上を向いて努力を続けられる子　③競争から目をそらさない子

★ **無理なく競争できる心を持つためには、その子にとって自信を持てる何かをさせてやること**

★ **男の子は、結果もさることながら、そのプロセスを評価されることを何よりもうれしく感じるもの。競争や挑戦で、たとえいい結果が出なかったとしても、がんばったことについてはちゃんと褒めてあげる**

★ **心に火をつけてくれるライバルが近くにいるのといないのとでは、特に男子の場合は伸びが違う。ただし、親が焚き付けてはダメ。自分のライバルはその子自身で見つけます**

★ **男の世界では、ものごとの解決のために親が出てくるというのは、その子にとって、かなり恥ずかしいこと**

★ **なかなか競争心が見えない子でも、興味のあることに没頭し、集中できる子なら、それはそれで大丈夫。目標さえあればモチベーションは続く**

★ **具体的なライバルがいなくても、自分で目標を見出すきっかけがあれば、その目標に対する競争心が生まれ、それががんばり続けるための力になる**

第3章

頼れる男にするには、自立する心を育てよう

そうむずかしくない、学び続ける心と習慣

毎朝お母さんが起こすのは考えもの

タイムマネジメント力を持たせる

男の子の持ち味は、「やるときはやる」

責任感の種を蒔く

自主性には「覚悟」と「責任」が伴うことを教える

周囲に流されない男に育てよう

そうむずかしくない、「学び続ける心と習慣」

最近「自立する力」という言葉が、子育てのなかでスポットライトを浴びるようになってきました。しばらく前までは、がんばれる人ならなんとか職を得ることができていたのが、最近は、どうもそれだけでは社会人として経済的に自立することがむずかしくなってきた。そんな社会環境がこのキーワードをあと押ししているようです。

そのために、まだ小学校にも行かないうちから、子どもたちにあれもこれもやらせようとしている親御さんが増えてきていますが、一方で、「もっと大らかに育てても、そのうち勝手に子どもたちは環境に合わせて生きていかれる」。そう構えている親御さんも少なくはありません。

皆さんは、子どもたちがやがて１人の社会人として「自立」していくためには何が大切だとお考えでしょうか。

誤解を避けるためにひと言つけ加えると、「なんでもかんでも『自分１人』で乗り越えろ」ということではありません。必要なときには仲間たちの支援や協力を得ることができる人になる。そういうことも自立した人間として絶対的に必要な素養なのです。

ですが、格別な事情もないのに何から何まで人に頼っていたら、周囲の人たちも次第に遠ざかっていきます。やはり、基本はできるだけ多くのことを自分で乗り越えられるだけの力を身につける。そういうことなのではないでしょうか。

でも、そう言われても、まだ小学生の男の子に、いったいどうすれば？　と思いますよね。

最も基本的で大切なことは、学び続ける心と習慣をできるだけ早いうちから持たせるということです。

実は、これはそれほどむずかしいことではないのです。理由は2つあります。まずは、小学校の中学年あたりまでなら、子どもたちにとってそもそも理解できない単元というのはそれほどありません。**学力の差は復習や練習をどれだけやったか、その差だけ**なのです。つまり、まったくやらない子がいる以上、少しがんばれば、周囲と比べて「オレって、できるじゃん」となるわけです。

そして、もう1つはたとえは悪いかもしれませんが、「～もおだてりゃ木に登る」です。いいところ、よい結果を見つけたら、すかさず褒めましょう。**男の子はお母さんに褒められると、また褒めてもらおうとがんばります**。習ったことの復習や練習、この時期ならそれほど時間はかからないはずです。

自分はできる、そう思うようになれば、しめたものです。そういうプライドは、さらにがんばって学び続ける原動力となるのです。そして、やればできるという心と、自ら動く習慣を持って大人になってゆくのです。

学び続けるというと、ひたすら知識を詰め込み続けるような印象がありますが、それでは確かに、仕事をする社会人として不充分かもしれません。ですが、持っている知識が多くていけないことはあるでしょうか？　企業や組織で活躍する人たちの多くは、なんだかんだ言っても、豊富な知識を持っているものです。

つまり、こういうことなのです。知識を詰め込むことだけが目標の、結果としての知識量を誇っても意味はありませんが、**知識を得ることを通じて身につけた、「学び続ける心と習慣」を持つことが、社会に出てからのとても大きな武器になる**のです。そして、この資質を持った人こそが、やがて「伸びしろのある男」として評価されるようになるのです。

毎朝お母さんが起こすのは考えもの

仕事の場面で人を観察していると、いわゆる「使えない人」と言われやすいタイプの人には共通する、わかりやすい特徴がいくつかあります。

そのうちの1つ＝「時間にルーズ」というのは誰もが納得するところではないでしょうか。

「電車が遅れた」「バスが遅れた」と言って毎日のように数分遅れてくる社員。

日常的に遅れる交通機関なら、それを織り込んで出勤しなければなりませんが、そういう人たちは、仕事をする当事者としての意識がちょっと低いようです。少し厳しい言い方をすれば、「会社に寄りかかっていて、自立していない人たち」と言えるでしょう。事実、その人たちがいなかったとしても、たぶんその会社はやっていけるでしょう。

日本人が世界中のビジネス社会のなかで、信頼され続けている要因は何だと思いますか?

私は行きつくところ、この「**時間に対する正確さ**」ということがあると確信しています。決まった時間には決められたことが行われ、期限まではきちんとできている。このことで、いままでは日本人だというだけで信頼されてきた。そういった信頼感をこれからの子どもたちも引き継いでいかなければならないのです。

実は、このことは子どもたちの学業成績ともかなり深く関係していると言えるのです。ズバリ、塾でもしょっちゅう遅刻してくる子は、だいたい勉強での成果も芳しくありません。さて、重要なのはここからです。

そういう子の多くは時間管理がお母さん任せなのです。

「お母さんが塾に行く時間だと教えてくれなかった」「塾に行く日であることをお母さんが忘れていた」など、あり得ない言い訳です。しかも、そういう子は朝もお母さんに起こしてもらっている、というのが定番のパターンです。

そして、そういう子がこれから中学、高校へと進むとどうなるか。さらに始末が悪くなるでしょう。起こせば「うるさい!」と文句を言われ、起こさなければ「お母さん、どうして起こしてくれなかったの!」。

こんな言葉を浴びせられることに、お母さん、我慢できますか? そして、そのようなことを言う息子、そんなことまで母親に頼る男が一人前の社会人としてやっていけると思いますか?

特にこのような基本的な生活習慣は、子どもが中学生や高校生になってから変えさせようとしても、そう簡単にはいきません。本人が心地よいと感じている日常を変えさせるわけですから。そうであれば、必要な生活習慣はまだ子どもが渋々でも親の言うことを聞くうちから習慣として根づかせておくべきでしょう。

特に、朝きちんと決まった早めの時間に自らの意思で起きることには、いくつかのメリットもあります。まず、**きちんとした食事を摂ることができます**。このことと子どもたちの学力との関係は、多くの専門家も指摘しているところです。

そして、**早起きして時間的な余裕ができると、準備や段取りをする時間を確保できます**。小学生ではあまり見かけませんが、中学生くらいになると、早起きして勉強する、という生徒が少なからずいます。そして、そのような子は、学力がほぼ間違いなく高いのです。

会社でもそうですね。人によっては、始業時の1時間くらい前には出社してその日の仕事の予定を確認し、やれることは先にすましてしまう、という人がいます。そういう人は、だいたい仕事がバリバリできる。これは誰もが納得するところではないでしょうか。

共通しているのは自分の意思で、ということ。他人から言われてやったことは、人のせいにしたりして、結果に対して甘えも出るからです。

毎朝、自分で決まった早めの時間に起きるということは、その気になればとても簡単なことです。そして将来、自立した社会人になるための基本的な行動習慣を手に入れることでもあるのです。

タイムマネジメント力を持たせる

私はときどき海外に出かけもしますし、以前は数年間、海外で駐在員として勤務したこともあります。そんななかで考えさせられることは、なぜ国や地域によって、こうも経済的な発展の度合いが異なってしまうのか、ということです。歴史や文化、宗教からくるものもあるでしょうし、気候的なものもあるでしょう。

ですが、実際に動いている人たちを見ると、発展途上国の人たちは総じて時間に対する意識が低い。これは海外で活躍する多くのビジネスマンが指摘することです。彼らが「今日できます」と言えば、「彼らが今日というならば、それは明日ということだな」と、そのうちこちらも慣らされてしまうのですが……。

確かに、寝転がっていても、そのうちヤシの実は落っこちてくるし、海に行けばいつでも魚が捕れるとあれば、先のことなど考えなくてもやっていけます。もちろん、しっかり教育を受けた人たちは、だいたいは時間管理もしっかりしていますから、そうでない人たちとの格差はどんどん開く。それが実態です。

まだ小学生のうちから、時間管理なんてハードルが高いのでは？　と思われるかもしれません。しかし、感心するくらいできている子どもだって、ちゃんといます。もちろん子どもですから、そんなにビッシリしたものではありませんが要所要所では、いつまでにどうする、という意識をちゃんと持った子はけっこういるのです。

いつも計ったように5分前に登塾するH君という子がいました。塾に来るときにはサッカーボールを持っていますから、どこかで友だちと遊んでいて、そのあとで教室に来るのでしょう。それでも感心なことに、いつも5分前なのです。

彼に聞けば「必ず5分前までには教室に行く」とお母さんと約束しているそうです。だから、遊んでいる最中でもさっと切り上げて、ときには遅れまいと息を切らせて走ってやってくるのです。
お母さんとの約束。これは小学生中学年くらいの男の子にはまだ効くのですね。約束を破ることはやってはいけないことだ、と刷り込まれていますからね。

一方で、そのあたりの時間の概念がルーズな男の子も少なくありません。10分や20分は平気で遅れてくる子もいます。遊びに夢中になって、時間のことがすっぽり頭から抜けてしまう。男の子ならあり得るな、と思う反面、果たして彼は将来、「自分でやることを決めて、自らの意思で決めたとおりに動く」という〝自立した男〟になれるのか、となるとちょっと心配です。

毎朝決まった早めの時間に自分で起きる。
やると決めたことは、その時間や日にちには必ず終わらせる。
門限の時間には必ず家に帰る。
勉強する時間帯には必ず勉強する。

こういったことは、親からの言いっ放しでなく、必ず約束しておきましょう。

できれば紙に書いて（本人に書かせて）貼っておくとよいでしょう。

そのときが楽しければ「あとはどうにかなるさ」という、ヤシやパパイヤが上から落ちてくるのを待つような人生でも、経済的に自立してやっていけるのなら、それでもいいのでしょうが、もうそういう時代はやってこないように思います。

そして、その分岐点は、案外もう目の前に来ているのかもしれません。

男の子の持ち味は、「やるときはやる」

多くのビジネスマンたちを見ていて、いつも思っていたのですが、高いパフォーマンスの持ち主には、どうやら共通するものがあります。

仕事では高い集中力を発揮する一方で、オフには熱中できる自分の趣味や時間を持っていることが多いように見えるのです。

つまり、オフに情熱を昇華させるものがあるから、オンの時間には少々辛くてもそれをはね返して集中できるパワーを蓄積できる、ということなのではないでしょうか。そしてこのことは、男の子たちを見ていても、あてはまるのです。

まだ少し先のことかもしれませんが、当時中学生だった男子生徒の話です。

K君も小学生の頃からのサッカー少年で、地域のチームでは小学生ながら、中心的存在だったようです。

塾に通い始めたのは中学1年生になってからで、お母さんに連れられて、イヤイヤながら入塾しました。素質的には理解力は水準以上のものがありましたが、勉強での目標意識が高いほうではなく、よくある復習不足で、教室の月々のテストでもせいぜい平均レベルでした。それでも学校の定期テストが近づくとがんばりのスイッチが入るようで、学校では平均点を少し上回っていました。そして、彼はその状況におそらく満足していました。

私はずっと彼を観察していて、まだもう一段上のギアに入れられる余力があるなと感じていて、そんな可能性がまだあるはずだ、ということはチラチラ伝えていました。しかし彼は自分の考えはテコでも変えないガンコ少年です。

「毎月のテストの志望校判定にN高校も入れておくぞ」

「塾長がそう言うのなら、そうしてください。でもオレにはN高校なんて無理ですから、受けないですよ」

彼は学業に関しては、それまでの「平均点プラスアルファ」という居心地のいい努力目標に自分自身で納得していたのです。

そんな彼が変化を見せたのは中学3年生の夏休みです。この時期にはほとんどの生徒たちは高校見学に行きます。そして彼はたまたま友人に誘われて、N高校も見に行ったようなのです。そこからでした。

「ねぇ塾長、いまからでもがんばればN高校、オレでも可能性ありますか?」

「だから前から言っていただろう? その可能性があると思っていたからだよ」

それからというもの、彼は学校から家に帰って着替えることもなく、ほとんど直行で塾に来るようになりました。制服ではコンビニにも行けませんから、夕方にはお母さんがおにぎりを持ってきていました。そしてわずかな休憩以外は、驚くほどの集中力で何時間も問題演習に向かい、わからないときは、近くを通った講師をつかまえて納得できるまで食い下がっていました。

するとどうでしょう。冬休みの頃には、以前と比べて偏差値も10くらい上がっていたのです。そして目標どおり、彼は難なくN高校に合格しました。

まず言えることは、**近未来の自分の姿をイメージしたこと**（彼の場合は高校見学です）で目標ができた。このことでスイッチが入ったことが大きいです。

彼の快挙のもう1つの要因は、**オンとオフの切り替えがパッとできる子だったということ**に尽きます。そしてその切り替えができるという裏側には、熱中できるものがあって、そこでエネルギーを発散できていたからだと思います。

中学生くらいになると、ある時期から成績が伸びるという子の多くは、実は運動系の部活に入っていることのほうが多いのです。ですから、小学生でも何かのスポーツに熱中する、ということに私は賛成の立場です。そういう子のほうがスイッチの切り替えがうまくできることが多いからです。

やるときはやる。これは男の子の持ち味なのです。

責任感の種を蒔く

男の子たちが、やがて社会人となり仕事をするようになったとき、持っていなければならない、とても大切なマインドが「責任感」です。

これなくして、関わる人たちから信頼を得ることはできません。もちろん、女性の立場から見たときには、「家族を守る」という重い責任も感じてもらわなければならないわけですから、なかなか大変です。

一方で、ビジネス社会で求められる責任感とは、ひと言でいえば、言動に対する結果責任ということになります。言ったこと、引き受けたことをきちんとやり遂げる、できないときには率直に謝る、反省する、そういったことが自然にできるようになることです。

ですがこれは、言うのは実に簡単ですが、なかなかできないのが人間です。だからこそ、これがきちんとできる人は、とても光って見えるのです。

いわゆる生活習慣なら、無理やりにでもやっているうちに定着してくるものですが、**責任感とは、その人の価値観であり、心のなかにずっとあり続けるもの**ですから、そう簡単には変わらないものです。若い頃無責任だった人が40～50歳になって、責任感あふれる人間になった、などあまり聞いたことがありませんし、なんでも他人のせいにするような人を見かけたら「この人、いったいどういう躾をされて育ったんだろう」と思いませんか？

では、子どもの頃に、お母さんはどうしたらいいのか？

まず、**自分の始末は自分でつけさせる**。もちろん、子どもの手に負えないことはその限りではありませんが、以前こんなことがありました。

S君という男の子がいました。彼は普段はおとなしいのですが、たまたま他の生徒たちと悪ふざけをしていて、教室の掛け時計を落として壊してしまいました。

私にもチラっとその光景が目に入っていたし、生徒たちも「S君だ」と言います。でも彼は「僕じゃない」と言い張っています。私はこういうときは、あまり、なぁなぁにはしません。時計は安物だからどうでもいいのですが、子どものためによくないからです。お母さんに連絡したら、すぐに飛んできました。

「どうなの？　あんたがやったの？」。彼は下を向いて黙っています。

「すみません。私から謝ります。いくらほど弁済したらよろしいでしょうか？」

「いや、お母さん。時計はどうでもいいです。いずれ誰かに壊される運命です。それより、彼の口から言ってほしい。自分じゃないなら、もう一度ここで自分じゃないと言いなさい。そしてもし君なら、ひと言でいいから謝ってください。それですべて終わりにしよう」

しばらく下を向いていた彼が、伏し目がちに声を絞り出しました。

「僕です。ごめんなさい」

「そうか。もういいよ。よく自分で言えたな。こういうときになかなか言えないものだぞ。お母さん、もういいですよね」

後日、お母さんが再び来られて「そうでしたね。やはり、謝るにしても、自分の口から言わせなきゃ、だめですよね」と言われていました。

男の子ですから、何かのはずみで、ちょっとやってしまうことはよくあることです。大切なことは、**そのあと始末を親がなり代わってするのではなく、落とし前は子ども自身につけさせる**ことです。もちろん保護責任者としての親のなすべきことはありますが、悪いと思ったら、子どもにもきちんとした態度を取らせることです。

そうしないと、どうなるか。自分の不始末はだれか別の人がケリをつけてくれる。そういう悪い成功体験を積んでいくことになるのではないでしょうか。

もう１つ大切なこと。**きちんと非を認めて謝ることができたら、その姿は立派だったと伝えることを忘れない**でください。

自主性には「覚悟」と「責任」が伴うことを教える

前項は、子どもがついついやってしまったことの、始末のつけ方の話でしたが、今度は子どもがこれからやろうとすることの結果についてです。

子どもに責任感を自覚させるためのアプローチとして、「家事の分担をさせる」ということは多くの方々も指摘していることです。昔なら子どもたちも当たり前のように家の中の仕事を分担していましたが、最近は手数としての家事は昔よりは減りましたから、少し意識しないと、子どもが自分の分担としてやる機会があまりありません。

それでも女の子なら、お母さんの真似をしようと自分から手伝うこともあるでしょうが、男の子の場合、放っておいたら何もしないかもしれません。

そうであれば、あえてそうさせるための仕掛けも必要でしょう。

男の子はそういうとき、頭ごなしに押しつけられることをとても嫌います。では、どうすればいいか。男の子は反対に自分の意思が尊重されると、がぜんそれに応えようとする気持ちが湧いてきます。

そうであれば、**いくつかある仕事の中から、自分で選択させる**のです。自分の意思で決めてもらうわけです。

何も無理にむずかしい仕事をさせよう、ということではありません。どんな簡単な仕事でも自分の意思で選んだ以上は「これをちゃんとやるのは僕の責任だ」という自覚を持たせることが大切なのです。

できればその際には、**いつまでに、どんな状態にする、というところまで約束しておきましょう**。そうせずに「ちゃんとやっておいてね」だけだと、「やったよ」と言っていても、見てみたら手抜きもいいところだった。そんなことになる可能性は非常に高いです。

もう1つ、男の子に家事を分担させようとしたときに、**ポイントとなるのは父親の姿勢**です。父親が仕事で疲れているのに進んで家事を分担している姿を見れば、自発的に動かない男の子はあまりいないはずです。

家での役割分担だけではありません。英会話やピアノ、そのほかスポーツなど、習いごとや外での活動などについても同様です。

本人の意思よりも、親御さんの意向で通わせているのではないかと思われることがよくあります。もちろん、将来のためにというお気持ちはよくわかるのですが、まず体験させてみて、本人の意思をよく確かめてから習わせたほうがよいと思います。**自分の意思で始めたという自覚を持つこと**が大切だからです。

そして、**やると言って始めた以上、今度はあまり親が干渉しないこと**です。そうしないと、どうなるか。

「お母さんがやれって言うからやってるんだ。僕はやりたくもないのに」

なんでもお母さんが決めないと動かない。そして、うまくいかなければ、それは僕のせいじゃない。そんな自立心のない男の子に育てたいですか?

自分の意思で始めた以上、その結果にも「自覚」と「責任」を感じさせる。将来のための、そんな心の習慣の種蒔きの時期はもう来ています。

周囲に流されない男に育てよう

最近はさまざまなＳＮＳが大変な流行ですね。本書を読んでくださっているお母さんたちのなかにも、お使いの方が多いのではないでしょうか。

私も多少は利用している１人なのですが、最近ちょっと感じることがあります。誰かが何か意見を発信すると、気味悪いくらい共感するメッセージが並ぶ。本当にそう思うのなら、それはそれでいいのですが、１人ひとりの人間が、そんなに誰とでも同じ価値観を持っているとは信じられません。

どうやらこの国の現代社会では、身を寄せる居場所を確保して、さらにそこに身を置き続けるために、かなりの神経を使わなければならないように見えます。しかも、そのためには自分の本当の気持ちを犠牲にして、他人の価値観に合わせることまで暗黙のうちに要求されているかのようです。

最近の子どもたちの世界に話を移すと、やはりこれと同じようなことになっているようですね。

実は、**塾に通う多くの子どもたちにとって最も大切なことは、そこに自分の居場所があるかどうか**です。親御さんの視点では「学習の成果」ということになりますが、子どもたちには、自分が身を寄せられる空間がそこにあるかどうかなのです。そして次に、そこからはじき出されないような言動を取るようになります。

現代社会の子どもたちは、なぜそうなってしまったのでしょうか？

もともと日本では日常の生活環境のなかに宗教的要素が薄い、ということもあるとは思いますが、以前はその分、道徳的な考え方が人々の心の軸になっていました。普段の生活のなかでも「人は人、自分は自分」と言えるだけの価値観を持って日々を送っていました。ところが、最近はそういう道徳的なものをやや敬遠する風潮もあって、かえって人々の心のなかにあるはずの「自分はこういう考え方を持っていて、こう生きるんだ」といった芯がちょっと細くなってきてしまっているように思えます。そして、まさに子どもたちもそのような状態なのではないでしょうか。群れて人と同じようにしていれば安心できる。仕方ないと言えば仕方ないのですが、男の子が将来しっかりとした社会人となり、ビジネスマンになるには、付和雷同型の男ではちょっともの足りない気がします。

これは決して子どもに限った話ではありませんが、平均的に日本人は外国人に比べて、心の軸が少し頼りないように見えます。これは私自身も含めて、ですから、あまり偉そうなことは言えないのですが、外国人たちと話をしていて、スパッとした自分の意見がなかなか出て来ないのですね。

私は多少、外国人と接することがあるほうですが、何を大切にしていて、どういう生き方をしようとしているのか、しっかりした考えを持つ人が多いと痛感します。バンバン自分の考え方を出してきて、相手にも意見を求めます。多分、そういう場に出ると、つい引いてしまう日本人は案外と多いのではないかと思います。「あなた、何者?」と聞かれて、私たちは意外と答えられないのです。

ですが、あなたの息子も、ますますボーダレスになるこれからの世界、どんどんそういう場面に出ていかなければなりません。

家訓、と言えばちょっと大げさですが、我が家はこういう価値観を持って、何を大切にして日々を送るのか、そのような家族共通の方針のようなものが皆さんのご家庭にはあるでしょうか。お父さんお母さんが、ブレずに、その価値観を大切にしながら、いつも堂々とした態度でいれば、子どもたちもその影響を受けるでしょう。

人間としてどう生きるのか、こういったことがしっかりと刷り込まれていれば、子どもたちが外に出たときも周囲に流されずに、自信を持って振る舞うことができるのではないでしょうか。

もちろん絵にかいた餅ではいけません。大変なことかもしれませんが、**お父さんお母さんこそ率先して行動することが大切**であることは言うまでもありません。

将来人から頼られる、自立心にあふれた男の子に育てるために
—第3章のポイント—

★「学び続ける心と習慣」をできるだけ早いうちから持たせる。それが社会に出てからの大きな武器になる

★きちんとした時間感覚は、自立した人の基本
①毎朝決まった早めの時間に自分で起きるようにする　②やると決めたことは、その時間や日にちには必ず終わらせる　③門限の時間には必ず家に帰る　④勉強する時間帯には必ず勉強する

★「やるときはやる」が男の子の持ち味。オンとオフの切り替えをうまくできるようにする

★責任感とは、その人の価値観であり、幼いときから心のなかにずっと培うもの。将来、頼れる男と言われるためには、責任感のあるなしは最も重要なポイントの1つ

★親が代わりにではなく、子どもの不始末は自分でつけさせる

★家事の分担も自分で選択させる。自分の意思でやることで、「自覚」と「責任」が生まれる。また、父親も家事をしている姿を積極的に見せることもポイント

★これからの社会、「生きる力」のある男は、付和雷同型ではない男。まずは親がブレのない自分たちの価値観を持つ

第4章
将来性ある男にするには、好奇心を育てよう

子どもの将来のためには好奇心はとても大切

これでは好奇心の芽をつぶします

トライ・アンド・エラーを経験させよう

トライ・アンド・エラーを、挑戦心につなげる

子どもの「Ｗｈｙ？」お母さん、こうするのです

好奇心の向かう先は親も把握しておく

観察力、探求心も好奇心から

子どもの将来のためには好奇心はとても大切

最近は、情報機器といい、電気製品といい、世の中が本当に便利になり、苦労することなく欲しい結果をポンと得られるようになりました。つまり、ものごとが変化する過程を目にすることなく、いきなり結果の部分が「さあ、どうぞ」と私たちの目の前に出てきてしまうわけです。

だからなのでしょうか。現代社会に生きる私たちは、あれこれ試したり工夫したりして何かを作り上げる、解決する、そんな場面が少なくなってきているようです。先日もテレビを見ていたら、秋葉原の電気街でも、部品を買って組み立てるような愛好家が減ったとのことで、店を閉めるケースが増えてきていると報じられていました。

さて、ここから本題に入りますが、男の子たちにとって、「こうやったら、どうなるんだろう?」とか「どうすればいいんだろう?」といった工夫、やり繰りは子どものうちから積極的にどんどん経験させておきたいことなのです。

大人でもそうです。ビジネスマンたちを見ていると、デキると言われる人たちは、こうしたらどうだろうか、といったアイデアを次々に繰り出し行動します。これは、そうやってものごとを解決してきた成功体験を、数多く経験してきたからできることなのであって、思いついたらやってみようという旺盛な好奇心が根底にあるのです。

そして、まだ小さな男の子たちにも、実はそのような好奇心の芽はすでに心のなかにあるのです。

男の子は本来、ものごとを試したり掘り下げて見たり、考えたりすることが好きです。ですが、先ほども申し上げたように「はい、どうぞ」と結果だけをよこされることが増えてきた現代社会ですから、せっかくの好奇心もそれを引き出すための仕掛けも必要になってくるわけです。

ある男の子の話なのですが、彼は算数や国語のほうはあまりパッとしませんでした。小学生が使うテキストは無学年式で、できる子はどんどん先に進むのですが、彼はそのようなことには無頓着で、学校の進度に追いつけません。

たとえば、新しいテキストを渡したりすると、できる子はどんな内容のことをやるのだろうと、好奇心で中をパラパラめくって見ますが、彼は冊子を開くことなく、カバンにねじ込みます。興味がないのですね。

そんな彼ですが、教室に置いてあった理科辞典には大いに興味を示し、授業が終わっても帰らずにしばらく開いて見ていることが多くなりました。そういえば、教室にあるモノを分解してみたり、また組み立ててみたり、そんな姿もよく見かけていたので、保護者面談でお母さんにそのことを伝えました。

「えーっ、そういう面があったんですか。そう言えば家でもよくモノをわざと壊すので、いつも叱りつけていたんですよ。じゃあ、ほかの勉強のほうはあんな状態でも、そういう方向には才能が少しはあるのかしら。叱りつけるだけじゃなく、そんな目で親も子どもを見るべきなんですね」

そのあとお母さんからは「あのあと、主人とも話したんですけど、博物館のようなところにもっと連れて行ってやろう、ということになったんです」とのお話をうかがいました。

このようなきっかけでも、好奇心を引き出す仕掛けは作ってあげられそうですね。

これでは好奇心の芽をつぶします

先日、都内にある大手の書店でちょっと気になる光景を見ました。小学校高学年くらいと思われる男の子とそのお母さんです。

歴史書のコーナーで立ち読みしていた私の隣に来て、男の子が「これが欲しい」と言って手にしていたのは、写真や図表が多い世界史のムック本でした。そのときお母さんの口から出たのはこんな言葉でした。

「世界史？　こっちにしなさいよ、日本史に。学校では世界史やってないでしょ？　だから日本史のほうにしなさい」

思わずお母さんに、「老婆心ながら……」とアドバイスしたい気持ちになりました。世界史を面白いと思ったら、黙っていても次には日本史にも興味がいくから、ここは子どもの好奇心の向き先を、無理に変えないほうがいいですよ、と。

似たようなことは、子どもを入塾させようとするときにも見られます。教室での小学生の学習は国語と算数が基本で、ほかに小学英語のクラスも設けていました。科目は選べるわけですが、お母さんの主観が強く出ていると感じることがけっこうありました。よくあるのが、国語を外してしまうケースです。

「えー、僕どっちかと言えば、算数より国語のほうがやりたいな……」

「国語よりも、算数はいましっかりやっておかないと、あとからじゃできないでしょ。だから算数なの」

確かに算数は取り返そうとすると、苦労するのは確かです。このようなお母さんはけっこう多いですよ。ですが、２つの点でちょっと気になります。

１つは、**国語はあらゆる学習の基本であって、決して語学としての日本語の勉強ではない**ことです。言葉を媒体とした理解力と表現力を養うことが国語学習の目的ですが、若干誤解されているケースが見られます。

もう1つが、よかれという気持ちもあるのでしょうが、**子どもの興味の方向性を、無理やり変えてしまう**ことです。これは先ほどの本屋さんでのケースも同じです。

それから、日ごろ気をつけておきたいことがあります。お母さんの何気ない言葉です。もちろん父親も、ですが。たとえば――

「**危ないからやめなさい**」

男の子は冒険的なことが好きです。確かにその先にある、大人には見えている危険も見えていません。そこにはどんな危険が待ち受けているかを伝えて、そのうえでどうするかは考えさせたほうがよいのではないでしょうか。

「**そんなくだらないこと、やめなさい**」

面白さを感じる感性は、女性と男性とでは違います。男の子だってすでにそうなのです。本当にくだらないことなら、そのうち気づいてやらなくなります。

「いつまでやってんの？　勉強しなさい」

面白いと思ったらなかなかやめないのが男の子です。しかし、やりたいことだけでなく、やるべきこともやる。それが将来ある男の子の姿です。時間を区切ったらいかがでしょうか。「楽しそうね。でも5時になったら勉強始めるのよ」。こんな伝え方はいかがですか。

男の子にとって、好奇心は才能の方向を示すものです。そういう目で、もっと積極的にお母さんにも観察していただければと思います。

トライ・アンド・エラーを経験させよう

日本の社会は、諸外国に比べてもよい面がたくさんありますが、ちょっとこういう部分はどうなのかな？　と思われるものもあります。

その1つが、失敗した人への冷たい視線です。何か斬新なことをやれば、そこには失敗もつきものですが、日本の社会は失敗に対して、あまり寛容ではありません（だから、すばらしい品質を誇ってもいるわけなのですが）。会社勤めの経験のあるお母さんたちもありませんか？　給湯器の横でそういう噂話をしたことが……。

だから、言われたことはきちんとやるけれど、それ以上の出過ぎたことはしない。成功するより失敗しないこと、そんな空気が濃いのがいままでの私たちの社会です。ですが、これからの世の中、いままで通りのことをやっていたら、現状維持さえできなくなってきます。

そんなときに、必要とされるのは、失敗しても、人からどう思われようが、また立ち上がって前を向く人なのです。

もちろん、なんでもかんでも闇雲にやって、ではないですよ。段取りをきちんとしたつもりでも、それでも失敗はつきものだ、ということです。

「トライ・アンド・エラー」

このマインドを持つ子は、はたから見ていてもだいたい積極的な子です。何か言われてもあまり神経質に受け止めない。そんな気質を先天的に持った子もなかにはいるでしょうが、できることなら、そういう心を持たせてやりたいものです。

まず、この心を持つことは、先ほど申し上げたように、社会に出たときに（いや、その前からかもしれません）、芯のある心の持ち主として武器になるということですが、それ以外にもとても大切なことがあります。

失敗したことからは、私たちはさまざまな教訓を得ることができるということです。つまり、**経験則を増やすということ**なのです。

痛い思いをすれば誰だって「ああすればよかった」「こうすればうまくいったのに」と反省します。これは子どもたちにとっても大切なことで、まさに学校の教科では教わることのできない学習なのです。

多くの分野で、一流と言われるような人たちがよく話しているじゃないですか。成功の背景にはたくさんの失敗があったと。

小学生くらいの子どもたちにだって、このことはあてはまります。

勉強のできる子は、たとえば勉強のやり方にしても、こうやってみよう、ああやってみようと工夫をして試行錯誤を繰り返しながら、自分流のやり方を編み出していきます。そして人から押しつけられたものでない自分流だからこそ、粘り強く取り組みます。

一方で「勉強のやり方がわからない」と言う子は受け身の子です。言われた通りのことしかやりません。それは押しつけられた作業なのですから、身につけようとする粘り強さも欠けています。この2つのタイプの子どもが、そのまま大人になったら……。仕事の場面ならイヤでも差がついてしまうでしょう。

そういうたくましい心を持つ男に育てるためには、絶対に言ってはいけない言葉があります。その例をご紹介しておきます。

「みっともないから、やめなさい」
「そんなことやって、どうするの？」
「ほら、だから言ったじゃない。お母さんの言った通りになっちゃったでしょ」

どれもついつい口に出してしまいそうなフレーズですが、そういう言葉を日頃から浴びていたら、だんだん男の子は好奇心を行動につなげることができなくなってしまいます。

トライ・アンド・エラーを、挑戦心につなげる

先ほどは、何かに取り組んで、それがもし失敗したとしても、子どもなりに得られる教訓が大きいということを申し上げましたが、もちろん成功したときに彼が手にするものはさらに大きいわけです。

たとえば、補助輪なしでは自転車になかなか乗れない子がいます。彼が何度転んでも挑戦しようとしているのなら、そこに「まだ無理ね。また、しばらくしてからにしなさい」という言葉をかけたら、せっかくの挑戦心もしぼんでしまいます。

逆に、これではいかがでしょう。

「お母さんが見ていてあげるから、できるまでやってごらん」

やがて彼は、多少ぎこちなくも真っすぐ走れるようになるでしょう。そして、そのとき彼は、「あきらめずにやり続けていれば、できるようになる！」という成功体験を手にすることになります。

やればできる――。そういう場数をたくさん踏んでいくことが、これから先、中学や高校での勉強にしろ、受験にしろ、大きな糧《かて》となっていくのです。もちろん、その先に待っている厳しい社会でも、です。

企業など、組織で働いていたお母さんならピンとくると思うのですが、集団のなかには知識や技能があっても浮いている人がいるものです。そのなかにこういう人はいませんか。

言うことだけは言う割には、自分ではちっとも動かない評論家。

できない理由を並べて、動こうとしない消極的な人。

これだと、組織にとっては、いてもいなくても変わらない人。こういう人は仲間からもそういう評価を受けています。そして、このような人たちに共通するのは「とにかく、やってみよう」という前向きな心の習慣が見られないことです。

結局、**失敗しても、少々批判を受けても、どんどんチャレンジしていく人のほうが、経験則をさらに増やし、ますます仕事の幅を拡げていく**のです。

人の心の中にある価値観や習慣は、一度定着してしまうと、そう簡単には変わるものではありません。よほど痛い目に遭えば、心を入れ替えようと努力することもありますが、見ていると、多くの人はしばらくして賞味期限が過ぎると、また元の人に戻ってしまいます。

ですから、子どものうちから前向きで、七転び八起きの心を育ててほしいのです。

それからもう1つ。子どもが何かに挑戦しようとしているとき、アドバイスはいいと思いますが、**聞かれてもいない結果を教えない**ことです。

その過程も見たり経験したりしたいと思っているときに、中途半端に結論を言われてしまったら……。推理ドラマの犯人を途中でばらされてしまったようなもので、好奇心も挑戦心も萎えてしまいます。

大人の目から見れば「ああ、こりゃ失敗するな」と思えることでも、子どもが「やる！」と言うのなら、やらせておくことです。

多分、失敗することも多いでしょう。でも失敗しても「また、やる！」と言うのなら、大丈夫。一歩ずつでも前進します。そして、「やれば、できる」。この気持ちをどんどん積み重ねていくことでしょう。

子どもの「Why?」お母さん、こうするのです

男の子はよく見たことや、聞いたこと、それについてもっと知りたくてお母さんを悩ませます。これはとても大切なことだと思うのですが、お母さん、いつもどうしていますか?

「ねえ、どうして?」

「そうすると、どうなるの?」

そこで、こんな返事をすることはないでしょうか。

「いま忙しいから、あとにしてよね」

知りたいと思ったそのときが旬なのに、タイミングを逃してしまいます。もし、そのときが無理でも、覚えておいて必ずあとで対処しておきましょう。

「そんなことも知らないの?」

これではまた同じことを言われそうで、もうお母さんに聞くことができません。

「そのうち、わかるわよ」

お母さんの面倒くさい気持ち、案外子どもには伝わってしまいます。ボクの相手をするのが面倒なんだと。

子どもが、お母さんに「なんで？　どうして？」と、知りたいと思って聞いているのに、いつも面倒に思って軽く受け流していたら、せっかくの好奇心もだんだん萎えてしまいます。

エジソンのお母さんが、息子の「なぜ？」にいつも正面から向き合っていた話はつとに知られていますが、まぁ、そこまではできないにしても、息子の将来のために、お母さんにも（もちろん父親も）ひと踏ん張りをお願いしたいものです。

ただし、そこで息子が「お母さん、なーにそれ？　どうするの？　どうして？」と聞いてきても、**一発ですべてを言わない**ことです。

教室で生徒たちから「よくわかる先生」として評判がいい講師とは、教える筋道の組み立てが上手なことはもちろんですが、生徒とのキャッチボールがうまい先生です。一気に答えまでを話してしまうのではなく、質問を織り交ぜて、生徒にも考えさせながら答えへと導いていきます。

わざと間違えて、間違い探しをさせる。そんなテクニックもかなり有効です。なぜなら、誰だって他人のあら探しには、ちょっとは好奇心をそそられますからね。かなり集中して頭をひねりますよ。

また、息子が「どうして、こうするの？」と聞いてきたら、どうするか。

たとえば、お母さんがキッチンで食事の準備をしています。

「お母さん、どうして卵を焼くときに油を最初から引かないの？」

「お母さん、どうしてスパゲティ茹でるときに塩を入れるの？」

普通なら「これこれ、こうだからよ」になりますね。まあ、お母さんも忙しいですから、それはそれで仕方ありません。

ですが、ここで「**じゃあ、そうしなかったらどうなるか。やってみようか**」とできるのなら、その違いを直接体験することができます。誰しも目の前で違いを目の当たりにすれば、理解度や納得度がまったく違ってきます。広告でビフォア・アフターの写真を使っているもの、よく見かけませんか？

それから、聞かれてもお母さんだって知らないこと、ありますよね。そういうときは調べる。これも大切な習慣です。子どもに「自分で調べなさい」ではなかなか動かないこともあります。そういうときは、面倒ですが、**お母さんも一緒に調べる。とにかく調べること**です。

調べることで、知識が広がることを知ると、だんだん自分で調べるようになります。教室に来ていた子どもたちもそうでした。

そうなったら、お母さんがわからないことを子どもに聞く、というのもありです。息子が「なんだ、お母さん、そんなことも知らないの？」と言って、調べたことを得意げに話すようになるといいですね。

好奇心の向かう先は親も把握しておく

これは中学生の話なのですが、以前こんなことがありました。ある男子生徒が校外で別の男子生徒（少し気弱なところのある子）に格闘の技を無理やりかけ、大けがをさせてしまったのです。

ここまでは、残念なことに最近ではよく聞く話なのですが、問題はその動機でした。加害者の生徒をよく知っている友だちからこんな話を聞きました。

「あいつの家、お父さんがプロレスとか格闘技が大好きで、だからあいつもいつもそういう番組、テレビで見てるんですよ。ビデオもたくさん持っていて、しょっちゅうそういうのを見ていたから……」

もちろん、ここでは格闘技がどうこう言っているのではありません。日頃、テレビにしろビデオにしろ、親が見ているものを子どもが一緒に見ていれば、興味を持ったり、見てみたい、やってみたい、という気持ちになったりすることは十分に考えられる、ということです。

子どもの好奇心の向かう方向はさまざまです。好奇心を持ち、見たい、知りたい、やってみたいと行動に移すことは、その子どもの積極性でもあります。それ自体はよいのですが、その向き先によっては、人としてやっていいことと悪いこともあります。**だから親は、子どもが何に関心を持っているのか、これはちゃんと知っておかなければなりません。**

そして、これからはスマートフォンの普及が、どんどん低年齢に及ぶことが考えられます。そうなると、よほど気をつけないと、親が知らないところで、子どもが何に関心を寄せて何をしているのか、ますます見えにくくなります。

子どもの成長のため、将来のために最も必要なのは、知的好奇心であり、好奇心ならなんでもいいというものでもないのです。

最近はテレビを見ていても、知的好奇心を刺激する番組が少なくなったと感じる人が多いようです。むしろ興味本位の好奇心を刺激する番組が増える一方です。

ただでさえ、日本の子どもたちは諸外国の子どもたちに比べても、テレビを見ている時間が大幅に長いのです。その影響の度合いが小さいはずはありません。

将来、大人になったら何になりたいか？　子どもたちにそう聞くと、あきらかにそこにはテレビの影響があります。

1日の仕事から疲れて帰ってきた父さんお母さんが、笑いながら寛げる時間は、それはそれであってもいいと思います。

ですが、**いま子どもたちと一緒に見ているテレビ番組から、この子はどんな影響を受けるだろうか？**

そんなことをちょっと考えてみることも、大切なことではないでしょうか。

テレビやインターネット。情報化時代のいま、わが子が
何に関心を持っているのか、知っておくことも大切です

観察力、探求心も好奇心から

会社などで、誰かがこんな言い方をしているのを聞いたことありませんか?

「彼は、アンテナがピンと立ってるな」

「あいつは、ちょっとアンテナがさびてるんじゃないか?」

アンテナが立っている人といえば、きちんと情報をつかまえて読み取っている人です。ところが、それがさびついていると、せっかく情報が目の前を流れているのに、それを感知できない、ということになってしまいます。

実は、子どもたちの間でも、すでにその差はかなりはっきりしています。

私の教室では勉強以外でも、ときどき小学生向け、中学生向けにセミナーを催していました。そのなかには、１枚の写真や絵を見せて、気がついたことをどんどん挙げてもらう、そんなメニューがあります。

たとえば、街なかの様子の写真だったとします。

人が多いとか、クルマで渋滞しているとか、街並がきれいだとか、そのレベルは誰もが指摘できます。ところが、なかには人々の様子、たとえば背広の人がいないから日曜日じゃないかとか、着ている服から季節は夏だろうとか、一歩突っ込んだところまで指摘する子もいるのです。そして、そのような子ほど、こういうゲームを面白がります。

これはもう観察力の違い、ということになるのですが、小学生くらいでもすでに一人ひとり状況が違っているのです。

さらに、これができれば大したものなのですが、「気づいたことを分類してごらん」と言ってやらせると、さらに状況は拡大します。

子どもによっては、建物についてとか、人についてとか、分類することができる子がいるのですね。社会に出たときに仕事をするうえで必要となる力の素地を、

1つ持っているということです。「こいつは将来は頼もしい男になりそうだ」と感心したものです。

このような観察力の出発点は、好奇心です。

「何だろう？　どうしてだろう？　どうなるんだろう？」

見たものや聞いたことに対して、こういった気持ちを持つことから始まります。

たとえば、アリがきれいな隊列を組んで動いていたら「なぜ一列で歩くのだろう？」、そして「列の間に棒で線を描いたらどう変わるんだろう？」とか、興味を持てば、いろいろな視点で考えたり観察したり、そしてもっと知りたいという探求心が湧いてきます。

ですから、学校でも塾でも、子どもたちから評判の先生とは、子どもたちの好奇心をうまく引き出すネタを織り交ぜながら教えていく先生なのです。

ただ、この好奇心の度合いは、生まれながらにして持った感性でもあるようです。

「どうもウチの息子は、何に対してもあまり好奇心を持たないのよね……」と感じているお母さんも少なくないかもしれません。

でも、日頃見ていれば、どんな子でも必ずどこかに興味の方向性はあります。

まずは、その方向を見極めて、お母さんも一緒にそういうテレビ番組を見る、図鑑を広げる、外に出るなどして、「これ、なんだろうね？　どうしてだろうね？」と一緒に不思議がりましょう。

将来、ピカピカに光るアンテナを持った男にする第一歩は、この好奇心と観察力、そして探求心です。もう始まっているのです。

好奇心に満ちあふれた、将来性豊かな男の子に育てるために
―第４章のポイント―

★男の子には、もっと知りたいという探求心がある。「こうやったら、どうなるんだろう？」とか「どうすればいいんだろう？」といった工夫、やり繰りは子どものうちから積極的にどんどん経験させておこう

★男の子にとって、好奇心は才能の方向を示すもの

★子どもの興味の方向性を、無理やり変えてしまうネガティブワード
「危ないからやめなさい」／「そんなくだらないこと、やめなさい」／「いつまでやってんの？　勉強しなさい」……

★これからの時代に必要とされるのは、失敗しても、人からどう思われようが、また立ち上がって前を向ける人。トライ・アンド・エラーのマインドを持った人

★たくましい心を持つ男に育てるために、決して言ってはいけない言葉
「みっともないから、やめなさい」／「そんなことやって、どうするの？」／「だから言ったじゃない」

★やればできる――。そういう場数をたくさんくぐっていくことが、これから先、中学や高校での勉強にしろ、受験にしろ、大きな糧となっていく

★「これはたぶん失敗するな……」と思えることでも、子どもが「やる！」と言うのならやらせる

第5章

きちんとした男にするには、道徳心を育てよう

言葉遣いの乱れは心の乱れのサイン

服装で“きちんと感”を身につけさせる

世の中には上下関係があることも教える

やるべきこと、やってはいけないこと、しっかり教えよう

モノを大切にする心を育てる

ルール・マナーを守る男＝きちんとやる男に育てる

手紙や話し方で“心配り”を身につける

言葉遣いの乱れは心の乱れのサイン

最近の子どもたちの言葉遣いを聞いていて、何か引っかかるものを感じると言う人は多いのではないでしょうか。

数年前に公表された文化庁のまとめ（平成20年3月に行われた『国語に関する世論調査』）からも、多くの人たちがそう感じていると指摘されています。ここでは16歳以上が調査の対象になっていますが、調査対象としての当事者ではない、それ以下の子どもたちにも同じことが言えるように思えます。

言葉の遣い方、という側面だけなら、いままでも時代の移り変わりとともに多くの若者言葉や流行の言葉など、その時代から見れば、大なり小なり〝乱れ〟はあったわけですが、最近の子どもたちを見ていると、単なる「言葉遣いの乱れ」

という表面上のみでとらえてはいけないように思います。

どういうことかと言えば、言葉遣いには人に対する気持ち、そして敬意や心遣いといった心のなかにあるものが滲んでいるのですが、そういったものが乱れてきているサインではないかということです。つまり、社会を構成する一員として、**子どもといえども持つべき、基礎的な道徳心の乱れが言葉の乱れとなって現れているの**ではないでしょうか。

「ウザい」「キモい」「死ね」など、自分が言われれば傷つく言葉を、相手に聞こえるように平気で口にする子どもたち。ちょっと異常ではないでしょうか。もちろん、みんながみんなではありませんが、間違いなくそういう荒れた心を持つ子たちが少なからずいるのです。

家の中ではどうでしょうか。教室には兄弟や姉妹で通塾している子どもたちも多かったのですが、驚くような光景をずいぶん見ました。

たとえば、「バカヤロー、テメエでやれよな」とか、「オメエがいなきゃ、オレの小遣いもっと多いのに。死ねっ！」

こんな言葉を、弟が兄に向って言うのです。なかには妹が姉に、というケースだってあるのです。

いくら小学生といえども、お母さんが子どものころに、そんな言葉を自分の兄や姉に平然とぶつける子どもはそんなにはいなかったのではないでしょうか。

もちろんテレビの影響は大きいでしょう。人を小バカにして笑いを誘うバラエティ番組が多いのは誰もが認めるところでしょう。子どもたちが面白がって真似をしても、不思議ではありません。ですが、そういった言動に慣れてしまうと、人を傷つけても平気でいられる子どもになってしまいます。

お母さん、もし、あなたの息子が先の兄弟のような会話をしていたらどうしますか？

「お兄さんに向かって、そういう言い方はやめなさい」

これでは、あまり変わらないかもしれません。ただの言葉遣いの問題として叱ったのでは、心に届く諭し方にはなりません。

「本当に兄ちゃんのことがキライなの？　この間だって、困っているときに助けてくれたでしょ。それでもキライなの？」

そう言われれば、本当に嫌いな理由なんて出てこないでしょう。**相手が悲しむような言い方は口に出してはいけないんだ。そういう気持ちを積み重ねるように植えつけていくことで、相手への配慮の心も育ってきます。**

なかには、子どもたちだって、放っておいてもそのうち、そういうことは言わなくなる、という意見の人もいるようですが、私は少し違う考え方です。

子どもたちは、悪いとわかっていることでも、ときには大人を試すためにやってみたりします。

そのときに大人が何も気にすることなく放置していると、この相手の前では何をしてもOKだ、子どもたちはそう受け取ります。何をやっても、何を言ってもOKの世界が始まるのです。

服装で〝きちんと感〟を身につけさせる

人前に出るときに、どんな服装で子どもたちを送り出していますか？

実は、ここにはその子どもの親の〝きちんと感〟が反映されています。そこからは、個人の自由と他者との調和、お母さんのバランス感覚も見えてきます。

教室で子どもたちを見ていても、家庭での普段の生活の様子がおぼろげにも想像できることがあります。

トイレから出てきてもドアをきちんと閉めない子。手を洗わない子。おしっこをまき散らしても平気な子。外で遊んだあと教室に来るのでしょうが、手や足が真黒なままの子……。

どういう生活態度であろうが、家の中なら個人の自由でしょう。ですが、外に出れば人と関わります。そこには他者への配慮や節度といったものがあるはずなのですが、最近の風潮では、あくまでも個人の自由のほうが優先され、他者への配慮や節度がないがしろになっているような印象を感じている人も少なくないのではないでしょうか。

以前、ヨーロッパの伝統ある都市で見た光景です。時期的に卒業旅行なのでしょうか、ある施設のチケット売り場で、数名の若者たちが入場券を買おうとしていました。

「ウィー　アー　ジャパニーズ　スチューデント　ディスカウントプリーズ」

そのたどたどしい英語もさることながら、ひと際目を引いたのはその出で立ちでした。野球帽をアミダにかぶり、例の腰パンという姿は、伝統を重んじるヨーロッパの街角では完全に浮いていました。

仲間内なら、どんな格好をしようと自由でしょう。しかし、どこでも好き勝手な服装でいいのかと言えば、そうはなりません。

「自由な服装」と「乱れた服装」は案外紙一重なのです。

昼間、教室にいると、いろいろな営業の人たち（多くは若者です）が訪問してきますが、だいたい服装がルーズな人ほど、仕事のフォローもちゃらんぽらんです。何もバリッとした服装をしろ、と言っているのではありません。「自分の姿を見て相手がどう思うだろうか？」。そういうところに心を配ることができない人は、結局は仕事でも気配りができないのです。

また、最近は学校でもジャージ姿などの、かなりラフな服装で教壇に立っている先生を見かけることがあります。昔なら、そういう姿は体育の先生だけでしたが、いまはそうでもないようです。

子どもたち相手では服が汚れたり、黒板のチョークの粉がついたり、理由はわからないでもないので、「高級な背広に身を包め」とは言いません。ですが、学校の教室での先生が果たす役割を考えると、やはり〝きちんと感〟の大切さを、身をもって子どもたちに示してほしいものです。

おじいちゃんやおばあちゃんの家を訪れるとき、博物館やレストランなど、ちょっとした場所に出るときなどでも、男の子は言うでしょう。

「えー!?　着替えるの～？　面倒くさいからこのままでいいよ」

でも、**外に出るとき、人に会うときには、きちんとした服装にするものなのだ、という心の習慣を持たせておきたい**ものです。

世の中には上下関係があることも教える

以前、教室に来ていた生徒から聞いたのですが、生徒たちがクラス担任の先生にあだ名をつけていて（ここまではよくある話なのですが）、生徒たちは先生を呼ぶときもあだ名で呼んでいると言うのです。「それで先生は何も言わないのか？」と聞けば、「何も言わない」と言います。

親しみやすい先生らしく、生徒たちからは好かれているようでしたが、そういった接し方で、子どもたちは大人との、ましてや教えを乞う先生との立場の違いを理解できるようになるのでしょうか。

子どもに対して必要以上に物わかりのいい態度を取ることが果たしていいことなのか、子どもたちの自己万能感につながりはしないかと、ちょっと気になります。

子どもたちも社会に出れば、イヤでも上下関係のなかに、それも一番下に身を置きます。先輩に対等な口をきくなど許されません。

そして組織のなかでは、命令する人がいれば命令を受けて動く人、それぞれがいますが、当然、命令を受ける人になります。そして、個人の考え方や気持ちがどうであれ、自分を組織全体に合わせていかなければならない場面に何度も出会います。

たとえ自分の意見とは違っていても、まずは動く、やってみる。

ところがこの上下関係のなかで、最近は心がついていけない人が増えてきているように思うのです。自分に合わないのなら無理する必要はない、そんな風潮もあと押ししています。

せっかく大学を卒業して、企業に入社しても、3年以内に辞めてしまう若者が30％以上いるという現実には、企業側、そして若者の側にも言い分はあるでしょうが、その背景の1つには、彼らが育つ過程で、社会に適合できるだけの心が育っていなかった、そんなこともあるのではないでしょうか。

私はいくつかの企業で、人の採用だけでなく、退職する場面にも数多く関わってきましたが、入社して比較的すぐに辞めてしまう人には、いくつかのタイプがあります。

なかには、関わった仕事で自信をつけ、さらにステップアップという人もいますが、ただ面白くない、といった漠然とした理由で辞めていく人が少なくありません。ですが、それはとてももったいないことでもあるのです。

組織のなかの仕事では、「そのときは意義がわからなかったが、あとになってその大切さがよくわかった」ということがたくさんあるからです。つまり、指示に従う立場での経験もたくさん積まなければ、その上の仕事など、なかなかできないのです。

そのためには、子どもたちが大人になったときに、組織のなかでの上下関係、指示命令関係にも耐えられるだけの心を持っていなければならないのです。

そのための一番の基本は、まずは家庭からなのです。

親子の関係のなかでも、最近は子どもの希望や意見に対して、ものわかりのいい親御さんが少なくないようです。

それ自体が悪いということではないのですが、親は子どもに対して指導したり、指示したりする立場であることを忘れてはいけません。**親が「こうだ」と決めたことには、子どもたちを従わせなければいけない**のです。

子どもにいくら説明しても、納得しないことだってあるでしょう。そんなときはもうこのひと言でいいのです。

「**お父さんとお母さんの言う通りにしなさい。以上、終わり！**」

もちろん、言うことがいつもブレているようではいけませんが、親がきちんと考えて決めたことなら、いずれその意味がわかるときが来ます。

もう１つは、やはり**目上の人に対する言葉遣いをきちんと教えること**です。

まだこの年齢では敬語を正しく使うことはできませんが、ていねい語は使えるはずです。教室でも、慣れてくれば子どもたちも、ばかていねいな言葉遣いで先生に話しかけてくることはありませんが、節度というものがあります。残念ながら、この節度の境目が見えていない子は、勉強での結果もいまひとつです。

一方で、年長者に対する言葉遣いがきちんとしていて、それを当たり前のこととして大人と接する子ども。そんな子も少なからずいるのですが、やはりそういう子は勉強でもしっかりした成果を出すものです。

そして、**そういう子どもたちを通して、その子を育てているお母さんの、日ごろの躾の様子が見えている、**ということも忘れないでください。

家族間での上下関係、そして言葉遣い。ときにはピシッと
言うことが、将来の良好な人間関係の形成につながるのです

やるべきこと、やってはいけないこと、しっかり教えよう

しばらく前のことですが、都内へ向かう電車の中で、バッタリと昔の教え子に出会いました。彼は小学生の頃から、少しアブナイ方向に行ってしまいそうなものを持っていました。

「オレ、あのときのこと、まだよく覚えているよ。あの黒板消しの件だよ。塾長、覚えてる？　でも、ああやって叱られて、いま思えば当然だと思うよ。あのときのオレが目の前にいたら、オレだってぶん殴ってやりたいくらいだよ」

彼が小学6年生だったとき、教室にあった黒板消しを持って出て、近所の家のドアでパタパタやって、粉だらけにしてしまったのです。

あとからそのお宅から苦情が来たのですが、そのとき彼は授業が終わってすで

に帰宅していました。たまたま他の先生が、彼が黒板消しを持って外に出ていく姿を見ていたので、私はすぐに彼の家に電話をかけました。

「おい、雑巾を持っていますぐここに来い！」

彼は渋々やって来ました。私はバケツに水を汲んで彼に持たせ、「汚したところを拭いて来い」と言って、行かせたのでした。

男の子は、ときには悪いと知っていて、ちょっとしたいたずらや悪ふざけをすることがあります。それはそれでよくあることです。

ですが誰の心のなかにも、「ここまでは許される、ここからは許されない」という〝線引き〟があります。その線引きのレベルと、やってはいけないことを子どもがやったときに親がどういう態度を取るのか、そこにはその家庭のカルチャーが表れます。

子どもが悪いことをしたときに大切なことは、まず曖昧にしないことです。

やってはいけないことをやったのにきちんと叱らない、あるいは見てなかったふりをする。これは子どもにとっては、悪い成功体験につながります。悪い成功体験は、積めば積むほど増長し、さらに悪いことを平気でやるようになります。

反対に、善い行為をしたことで褒められれば、それはよい成功体験になります。

稀にですが、こんな光景を電車の中で見ることがあります。

お父さんと男の子が座席に座っているときに、お年寄りに席を譲ろうと、息子を促して立たせる。見ていると、なかにはお父さんが席を立ったときに、自ら立ち上がる子もいます。

杖を突いた人が乗ってくると急に居眠りを始める人が多いなかで、本来は当たり前の行為なのでしょうけれど、とても光って見えます。

これでお父さんやお母さんから「とても立派だったぞ」とでもひと言もらえれば、善い行為をすることが、どれだけ気持ちのいいことなのかを体験することができます。

世間には「子どもたちに道徳を押しつけることは反対だ」という人たちもいま

すが、道徳とは子どもたちの判断に委ねるという類のものではないと思います。古今東西、善悪の基準を持たない国や社会があるでしょうか。

道徳が崩壊すれば、誰もが好き勝手に行動する世の中になり、将来困るのはそのときの世代です。

歴史学者トインビーの言葉にこんなものがあります。

「ひとつの国が滅びるのは、戦争によってではない。天変地異でもなければ、経済破綻によってでもない。国民の道徳心が失われた時にその国は滅びる」

モノを大切にする心を育てる

モノをていねいに扱い、大切にするということは、将来子どもたちが社会人となり仕事をするうえで、まさに必要とされる心の習慣です。

「仕事ができる」と言われる男は、だいたいが「きちんとした男」です。そういう人たちは、人と接する態度はもちろん、服装や持ち物などにしても「きちんと」しています。

なぜ、そう見えるのでしょうか。

それは**モノをいつも整え、大切に、そして、ていねいに扱っているから**です。

そして、**そういう心はそのまま仕事の進め方にもつながっているから**なのです。

ですから、そういう人は、きちんとした手帳や筆記具を使い、机の上はいつも整理されていてスッキリしています。

これは教室に来ている男の子たちを見ていても通じるところがあります。ものごとをぞんざいに扱ったり進めたりしている子は、まず整理をきちんとやりませんから、よくモノを失くします。そしてよく忘れます。必要なものがなければ誰かに借りることになりますが、借りたものを粗雑に扱えば、次第に貸してくれる友だちもいなくなります。

そうなると、教室に置いてある筆記具を借りるのですが、扱いが雑で、壊しても平気です。そのへんに置いていったり、貸した予備のテキストがクシャクシャになっていたり、なかにはシャープペンの芯を抜き取っていく生徒もいます。

一方では、借りたものを「ありがとうございました」と、きちんと元の場所に戻していく子もいます。そういう子たちの、勉強における結果は言わずもがな、なのです。

また、授業中の机の上を見れば、一目瞭然です。雑然といろいろなものが散らばっている子もいれば、必要なものだけを使いやすいように置いている子。これでは差がつかない方がおかしいくらいです。しかも、そういう心の習慣はそのまま変わることなく、中学生になり、高校生になっていくのです。

では、モノを大切にするきちんとした男の子にするためには、どうしたらいいでしょうか?

まず、モノを雑に扱う子どもたちの特徴です。

1つは、彼らはなぜか、**あれやこれやモノをたくさん持っているということ**。大人でもそうだと思うのですが、次から次へとモノを手にするようになると、一つひとつのモノに対する愛着は薄くなります。反対に本当に必要なもの、本当に欲しかったものをやっと手に入れると大切にていねいに使うようになります。このことは、子どもたちにも同じことが言えるのではないかと思います。

もう1つは、**整理をする習慣がついていないということ**です。筆記具でも定規でも、貸してあげても催促しなければ元の場所に戻すということができません。

教室でそういう状況なら、家でもだいたい同じでしょう。でも、お母さんの言うことを聞く、いま頃の年齢ならまだ間に合います。次の2点を徹底してください。

・むやみになんでも買い与えない。欲しがるものでもどれか1つに絞らせる。
・使ったあとは必ず決められた場所に戻させる。お母さんは手を出さない。

前者は、親がコントロールすることができますが、後者は子どもにやらせることなので「やりなさい」と口で言っただけでは動かないこともあるでしょう。そんなときは「それをきちんと片づけたら、ご飯にするからね」などと、それをやらないと次に進めない流れをつくりましょう。

少ない資源を工夫し、やり繰りしてていねいに、そして大切に使っていくことは、これからの時代をしたたかに生きていくための心の習慣でもあります。この習慣を持つことは、将来、社会に出たときに必ず生きてくることでしょう。

ルール・マナーを守る男＝きちんとやる男に育てる

会社などで仕事をしていると、よくこういう人を見かけます。

ルールがあるのに、それに関わらず勝手に自分で判断してものごとを進めてしまう。自分の流儀に合わないものには、従おうという意識が低く、往々にしてトラブルを引き起こします。取引先などとの間でも問題を起こすのは、だいたいこういうタイプです。

また、年末になると必ずいるのですが、慣習として社内の大掃除という作業があるのに、その時間になるとなぜか外回りに出てしまう人。こういう人は、自分の行動や振る舞いが、まわりの人たちにどう受け止められているのか、そういうことに頭が回っていません。

そういう人たちには、組織全体のこととして決まっていることへの順守の気持ちが乏しく、ほぼ共通して言えるのは、自分に課せられた義務に対する責任感も不足している、ということです。これでは社会人として人から信頼され、尊敬される男にはなかなかなれません。

「大人が決めたルールを無理に子どもに押しつけるべきではない」。そのような声もときには聞こえてきますが、少なくとも道徳的なルールは、子どもたちの判断に委ねるべきものではありません。そうしなければどうなるかを考えさせることは大切ですが、**まずは守らせること**です。

それに、ルールというものは、ひとたび決まったら守らなければならないということを、子どもたちは案外理解しているものです。友だち同士で遊ぶときでも、自分たちでルールを作って、それに従って遊びます。それぞれが思い思いに行動していたら、ものごとがうまくいかないことをわかっているのです。

でも、男の子はいくらお母さんが口で言っても、自分に不利益がなければ、なかなか言われた通りにしないことも多いと思います。

なぜなら、ルールを守らなくても平気でいられるという成功体験を身のまわりでもたくさん見ているからです。

ゴミの分別をしない人や犬のフンの不始末、交通ルールやマナーの無視、法律を犯さなければ何をしても個人の自由……。そういう人たちが世の中で増えてきているのも事実です。

ですが、社会に出れば、ルールやマナーを守らないで平気でいられる人が、周囲の人たちと協調してやっていけるはずがありません。周囲を見渡せばわかると思いますが、**きちんとものごとに取り組む人は、やはりしっかりとしたモラルを身につけている**ものです。

それから、ここが意外と大切なことなのですが、**ルールやマナーを軽んじる人のまわりには、同じように道徳心の足りない人たちが集まります**。つまりそういった人たちと交友関係を持つようになる、ということなのです。これは子どもたちの間でも言えることです。

ですから、社会に出てから通用する男にするためにも、まだ小学生くらいのうちから、ルールを守るマインドや、きちんとしたマナーを刷り込んでおくことが、とても大切なのだということがおわかりいただけるでしょう。

そのために大切なことは、**親がそのような、ルールやマナーに則った行動を子どもの見ている前で実践していること**です。

これは心がけていれば、何もむずかしいことはありませんし、なんと言っても**「ルールやマナーを守れる人は人間としての基本」**なのですから。

手紙や話し方で〝心配り〟を身につける

私は十数年前まで会社勤めをしていましたが、ちょうど誰のデスクにも1台ずつパソコンが置かれるようになった頃、私はちょっとした違和感を覚えることが多くなりました。

それはEメールです。相手がそこにいようがいまいが、伝えたいことを届けられるのは便利でいいのですが、そこではその人となりが如実に表れます。

「○○を机の上に置いておきましたから、よろしくお願いします」

その当時の私は総務課長でしたから、他部署の人からの依頼事項が多いのは仕方のないことなのですが、こんな調子のメールを、入社後間もない社員たちからずいぶんと受け取ったものです。もちろん彼らには悪気はなかったと思いますが、相手の都合も考えず「渡したんだからやっといてよね」と言わんばかりのメールの文面には正直ムッときたものです。

最近では小学生くらいの子どもたちでも、携帯電話やスマートフォンでメールのやり取りをする機会が増えてきています。確かに親しい間でのメールのやり取りでは堅苦しい表現は必要ないかもしれません。

ですが、社会人になって関わる人は、親しい人ばかりではありません。初めて会う人、目上の人、大切な取引先、そういった相手と文面でやり取りするときでも、**その人の人格が、ちょっとした表現のなかで垣間見えてしまうもの**なのです。相手の立場に立ってモノを考えられる人なのかどうか、文面のなかで感じられてしまうのです。

そこで「手紙」です。子どものうちから「きちんとした手紙の書き方」を身につけさせておいて、得こそあれ、損はありません。

たとえば、おじいちゃんおばあちゃんの家で、楽しい時間を過ごしたのなら手紙を書かせる。

慣れないうちは上手にお礼の気持ちを書けないかもしれませんが、まずは書かせてみましょう。そして、それを読んだ相手がどう受け取るか、少しずつ気配りを込めた表現を教えていきましょう。

こういったことは、親が教えなければ、学校で学ぶことはありません。

電話のかけ方にしてもそうです。教室でも生徒からの電話をしょっちゅう受け取りますが、小学生でもしっかりとした伝え方ができる子もいれば、まるで友だちに電話をかけているかのような、ぞんざいな子も少なくありません。そういうところでも、それぞれの家庭での躾の様子は案外見えてくるのです。

手紙の書き方にせよ、電話のかけ方にせよ、「用件が伝わればいいじゃないですか」と言う人もいるかもしれません。でも、そうでしょうか?

相手の立場に立って伝えようとすれば、自ずと伝え方も違ってくるものです。

英語だって、伝えたい気持ちによって表現を変えます。そうしないと違った受け取り方をされてしまうからです。

子どもたちから何かを頼まれるときでも、こんな違いがあります。

「○○してください」
「○○して欲しいんですけど」

同じことを伝えても、受け止め方は全然違いますよね。

「○○してください」は、ていねいに言っているつもりでも、まるで命令されたように聞こえます。

親が日頃、どのような言葉遣いで人と話しているか、少し意識しておいていただきたいのです。そのようなところでも子どもは影響を受けますから。

相手の身になって伝えることができる――。子どものうちからそういう心の習慣が育てば、それは一生の財産になりますよ。

道徳心のある、「きちんとした」男の子に育てるために
―第５章のポイント―

★言葉遣いの乱れは基礎的な道徳心の乱れ。「相手が悲しむような言い方は口に出してはいけない」という、相手への配慮の心を積み重ねるように育てよう

★「自由な服装」と「乱れた服装」は紙一重。子どもの服装には、その親の“きちんと感”が反映されている。「外に出るとき、人に会うときは、きちんとした服装にするもの」という心の習慣を持たせる

★親が「こうだ」と決めたことには、ピシッと従わせることで、将来、組織のなかでの上下関係に耐えうるようなマインドが身につく

★目上の人に対する言葉遣いをきちんと教える

★親が日頃、どのような言葉遣いで人と話しているか意識する

★ルールやマナーへどれだけきちんと対応できるか、それはそれぞれの家庭のカルチャーそのもの

★きちんとした男は、モノをいつも大切に整え、丁寧に扱う。その習慣は子どものころからつながっている

★モノを大切にし、整理の習慣をつけるための２つのコツ
①むやみになんでも買い与えない。欲しがるものでもどれか１つに絞らせる　②使ったあとは必ず決められた場所に戻させる。お母さんは手を出さない

★子どものうちから「きちんとした手紙の書き方」を身につけさせる

第6章

好かれる男にするには、素直な心を育てよう

反省できる心が子どもの伸びしろにつながる

最近『○○力』、『○○する力』といったタイトルの本を見かけること、多くないですか？　それだけ多くの人たちが、自分自身の能力や可能性をもっと高めたいと思っているのでしょう。

こういった本のなかにあって、ありそうでないタイトルの本があります。

『反省する力』

いままで世に出ている『……力』もそうなのだと思いますが、人の伸びしろというものを見たときに、この『反省する力』はとても大きな要素になっています。

自分の至らなさや失敗を謙虚に受け入れ、リセットできる人は、その気持ちをバネにして次の飛躍へとつなげていくことができるからです。

そしてこの力は、大人になってからでは、なかなか心に根づくのが困難です。周囲を見渡してみても、意地悪な人が優しく親切になったとか、自己中心な人が思いやりにあふれる人になったなどというケースは聞いた試しがありません。

となれば、やはり子どものうちから「自分に間違いや非があれば、それを素直に認めることができる心」を育てておきたいものです。

そうは言っても、男の子はなかなか自分の間違いや失敗をそう簡単には認めませんね。なぜでしょうか。

男の子にはプライドがあります。自分のせいにされることや、自分の失敗を指摘されることに耐えられません。ましてや自分から謝るなど、敗北感に打ちのめされます。

「ボクだけじゃないよ」「悪いのは○○君だよ」

だから、まだ小学生の子どもといえども、男の子は往々にして自己防衛のための言動を取ろうとするのです。

そんなとき、お母さんがどういう態度を取るか、これはとても大切なのですが、頭から抑えつけるように叱ったりしてしまうことが案外多いのではないでしょうか。

「言い訳しないの！」

「反省しなさい！」

言い訳のなかには真実もあるでしょうし、それに「反省しろ」と言われて「ハイ、わかりました」となる男の子はまずいません。反省とは強要されてやることでなく、自らの湧き上がってくる気持ちがあって初めてできることなのです。

ですからお母さんは、息子の心のなかに反省する気持ちが湧き上がるような対話をする必要があるのです。

まずは、じっくり言い分を聞いてやることです。

そのなかで真実とウソを見極めるのですが、息子のことを長い間しっかり見続けてきたお母さんならできるはずです。

そしてこういうときはウソについても、あまり突っ込まないことです。**ウソが**

バレていることは、それとなく気づかせましょう。

すべてを聞いてから、諭していきましょう。

「そう、わかった。でも、もう少しこうすればよかったな、と思うことってない？」

そんなふうに聞けば、少しずつ素直に心を開いていくはずです。

そこで、もう1つ大切なことがあります。

男の子にとって、プライドの殻を割って自分の非や失敗を認めるということは、大変なことなのです。ですから、必ず次のひと言を忘れないでください。

「**素直に自分の間違いを認めるって、勇気のいることなの。それができたんだから、お母さんもうれしい**」

間違いや失敗があってもそれを謙虚に受け入れる。これは男の子にとって、決して低いハードルではありませんが、ぜひ持たせておきたい心の習慣です。男の子の将来の伸びしろを手に入れることになるのですから。

「わかりません」が言える子にしよう

「いまさら聞けない……」といった類の本を書店でよく見かけませんか? 多くの人たちが、本当はよくわからないのに知らないままにしてしまっていて、でもいまさら人にも聞けない、そんなことをたくさん抱えています。

大人と同じように子どもでも、外向的でなんでも平気で聞くことができる子もいれば、遠慮がちで内向きな子もいます。どちらがいいとか悪いとかでなく、先天的なものだってあるでしょう。授業中にも積極的に質問する子もいれば、まったくそうでない子もいます。

ですが、昔から言われている格言があります。

聞くは一時の恥、聞かぬは一生の恥
（一生の損のほうが、私はふさわしいと思うのですが……）

ものごとには、手前のことを理解しないとその次へはまったく進めないものがやたらとあります。情報端末やそのソフトの扱い方などもそうですよね。ひとたびつっいていけなくなると、どんどんわからなくなります。

子どもたちの勉強もまさにそれです。中学3年の生徒にも、小学校の算数の基礎が抜けてしまっている生徒が驚くほどたくさんいます。比や比例の基礎ばかりか、分数計算の基礎さえ理解しないまま、通り過ぎてしまった子どもたちが少なくないのです。そういう生徒たちは中学1年、2年の基礎も、当然ほとんどわからないまま3年生になっています。

「先生、わかりません」
この言葉を言える子は、実はそう多くはありません。「自分だけがわからないのかも……」と、子どもたちは気後《きおく》れしているのです。そうなると、子どもにもプライドがありますから、なかなか「わかりません」とは言えません。そこそこ勉強のできる子にもそういう子はいます。

むしろ、勉強ができる子のほうが、自分に自信があるので、わからないときには堂々と質問することができるのです。ですから、わかる子とわからない子、できる子とできない子、差がどんどん開いてしまうのです。

教える側の立場で言えば、本当に理解できたのかどうか、プロの目を持っていればだいたいわかります。ですから、少人数の塾ならば、講師のほうである程度フォローしてくれますが、学校では人数も多いから、そうもいきません。

ではどうしたら、わからないときに「わかりません」と言えるようになるのか。

よくお母さんは子どもに言います。「わからなかったら質問しなさい」と。でも、それが簡単にできれば、苦労はありません。先ほど申し上げたように、持って生まれた性格もあるので、言えない子はなかなか言えません。

ですが、「わかりません」を言えるようにするためにお母さんが言ってはいけない言葉があります。子どもがお母さんに聞いているのに、つい口に出てしまうことはありませんか？

「そんなことも知らなかったの？」

「そんな簡単なこともできないの？」

これでは、どんどん萎縮してしまって、「そんな質問をしたら笑われるんじゃないか」「バカにされるんじゃないか」……。そういう気持ちで固まるようになってしまいます。

「あっ、いい質問ね」

「いいところに気がついたわね」

どうですか？　これなら全然違うでしょう？　お母さんがいつもこういう反応をしてあげれば「わかりません」と言える前向きな心が育つことでしょう。

思いやりのある男に育てよう

会社に勤めたことのある（勤めている）お母さんなら思い浮かぶと思うのですが、こんな男性はいませんか？

確かに仕事そのものは知識も豊富で、向上心もある。だけど、どうも考え方が自分中心で、同僚や部下に対して攻撃的で、寛容な心がない。

こういう人は、確かに目の前にある仕事の処理能力は高いので、課長クラスまでならトントン出世します。ところが人を使えません。当たり前です。人の心がわかりませんから。ですから何人もの部下を率いるとなると一気に問題が吹き出し、そこまで、となります。

しかも、こういう人たちは、往々にして「自分は仕事のできる人間だ」と思い込んでいますから、自らの問題点に気づくことがありません。

お母さん、もしあなたの息子は頭がよくて、勉強ができたとしたとしても、将来そんな男になるように育てたいですか？


大人でも子どもでも、人が寄ってくるような人たちは、みんな他人に対する優しさを持っています。相手の心を理解し、お互いに助け合う心です。

ところが社会人となり、ビジネスマンになるとそういった心の余裕がだんだん狭くなってくるのも事実です。そうなると、先の例のような人では、大人になってから寛容の心が芽生えるということはなかなかむずかしい。

実際にいろいろな人を会社のなかでも見てきましたが、そういう変化を見せた人はまずいません。

そうであれば、まだ子どものうちから、友だちとだけでなく、兄弟や祖父母、地域の人たちと心を通い合わせる機会をたくさん持たせておくべきでしょう。

最近はお母さんも仕事で外にいることも多いですから、子どもたちは1人でいる時間が長くなる傾向にあります。

人に対する優しさは、人と接していないと芽生えてきませんから、現代社会の環境のなかでは、やはり親が日頃から気を配っておく必要があるのです。

地域での清掃活動のようなボランティアにはできれば親子で積極的に参加し、そこでみんなで助け合う姿を子どもに見せる。市町村の広報に載っている子ども向けの行事に参加させて、多くの子どもたちと交流する機会を持つ。こういったことはそれほどハードルの高いことではないと思います。

ですが、思いやりの心を育むためにいちばん大切なのは、やはり普段の家庭のなかなのです。

お父さん、お母さんのお互いを思いやる言葉や行動、子どもたちはそういった日常のなかから優しさや思いやりを吸収していきます。

それから、お母さんやお父さんが気をつけておきたいこと。それは子どもを叱るときの親の態度です。

逃げ道を、ピシャっとふさぐような叱り方になっていないでしょうか。過去の問題も持ち出したりして、**打ちのめすような叱られ方を経験していくと、子どもたちも、相手を叩きのめすような議論の仕方を学んでしまう**ことになります。

お母さんだけでなく、こういうケースは父親にも少なくないですから、よく話し合っておきたいものです。

子どもを伸ばす3つの叱り方

まず〝怒る〟と〝叱る〟の違い――。

これはもう多くのお母さんたちはよくわかっています。怒るのは、自分の腹立たしい気持ちをぶつけているだけだと。子どもたちは塾でよくこう言います。

「昨日、ウチのクソババアにキレられた」

お母さんは叱ったつもりでも、子どもは、お母さんがキレたと受け止めています。

これではまったく効き目はなく、子どもの不満が増幅しただけですね。

大人だってそうなのです。同僚の見ている前でこれ見よがしに部下を叱りつける上司がいますが、これは管理職としての心構えが欠如している人です。

子どもを叱らなければならないとき。どうしてもありますね。ですが、**どのよ**

うなときにどう叱るのか、どう諭すのか。大げさに言えば、ここには親としての子育てに対する力量が表れてきます。

子どもを叱るときはどうするか、といったハウトゥーは多くのウェブサイトで紹介されており、多くのお母さんたちも目にしていると思います。

そのときの気分で叱らない、感情的に怒鳴らない、人格を否定しない、時間を置かずにすぐ叱る、過去の問題を持ち出さない、子どもの言い分もよく聞く、体罰につなげない……など、多くの専門家がいずれも参考になるアドバイスを提示しています。

ここで、私が教室で子どもたちを叱ったり諭したりしていたときに、特に留意していた大切なことを3つ、ご紹介したいと思います。

まず、**子どもごとに叱る基準を変えない**ということです。

家庭でなら、兄弟で甘辛の差をつけない、ということになります。そうしないと、不満の温床につながるからです。「同じことをやって、弟のときは大して叱られないのに、何でボクのときには……」。こういうことが続くと、本人が心に傷を負うだけでなく、親に対する信頼感そのものが揺らいできてしまいます。

ただし、叱り方のトーンは変えることがあります。ひと言いえば、すぐに呑み込む子もいれば、時間をかけて言葉を重ねていかなければ、心に浸み込まない子もいるからです。つまり、どう伝えるのが効果的か、それはその子によって違うからです。

次に大切にしていたことは、**結果について叱るのでなく、原因やプロセスについて問題があれば諭し、言い聞かせる**ということです。

もし、子どもがテストで悪い点を取ってしまったら、お母さん、どうしていますか？　結果の点数についていくらガミガミやっても、ほとんど改善にはつながりません。悪い結果には、相応の原因やプロセスが必ずあるものです。テレビやゲーム、復習や練習の不足、整理されていない部屋など、手前にある要因を改善させるような諭し方が必要です。そして、そこを改善すれば自ずと違う結果になることを、含むように伝えて励ましてあげてください。

3つ目は、**叱るときには褒めることもセットにする**ということです。

これは多少問題を抱えた子にも効果がある叱り方です。

叱られているときの子どもの心境は後悔と不安でいっぱいです。叱られたままで終わってしまうと、「自分はダメな人間なんだ。周囲からそう見られているんだ」と自信を失ってしまいます。もうお母さんの顔を見ることもできません。

ですがここからです。私の場合はいつもこう付け加えていました。

「ところで、キミにはいいところがあるよな。この前だって……。そういうところも見る人はちゃんと見ているんだぞ」

こういうふうに言えば、それまで半ばイヤイヤ話を聞いていた子でも、途端に目の色が変わります。そして最後に「先生が言ったこと、どういうことかわかったか?」ともう一度聞けば、つい先ほどまでとは全然違う反応を見せるのです。

どうですか?　そんなにむずかしくはないでしょう?　それと、**いつまでもネチネチ言わない**こと。お互い、ご飯もおいしくなくなります。

子どものウソ、お母さんどうしていますか？

男の子はときどきお母さんにウソをつきます。いや、なんでもかんでも正直にお母さんに話す、そんな男の子は極めて稀でしょう。

ですが、ひと言にウソといっても、そのタイプはいろいろあります。

・悪いことをバレないように隠すためのウソ
・自分をよく見せようとするウソ
・親をガッカリさせたくない気持ちから出るウソ

だいたいこの3つがよくあるパターンですが、それぞれのタイプによって、お母さんが取るべき対応は変わってきます。

まず、３つ目の「**親をガッカリさせたくない気持ちから出るウソ**」の場合ですが、原因の半分は親にあります。

子どもに対する期待が高すぎると、それは子どもにとってはプレッシャーです。**親の期待に沿った結果を出さなければいけない、そう思う気持ちが子どもにウソをつかせるのです**。できてもいないものを、できたという子どもの心を思えば、なんともかわいそうなことじゃないですか。**子どもががんばったことの結果なら、まずは喜んで受け止めてあげてください**。

２つ目の「**自分をよく見せようとするウソ**」。これも男の子にはよくあるものです。**男の子は自分の弱い面を他人に知られたくありません。親に対してもそうなのです**。だから、「誰々とケンカしてオレが勝った」とか、クラスの半分が１００点だったのに、「１００点取ったのはクラスで３人だけだった」とか、そういうウソを言うのです。

誰かに迷惑をかけるウソではないですが、どこかでやめさせないと、いつでもどこでもこういうウソを言うようになります。家のなかで言っているうちはまだいいですが、外でやりだすと、友だち関係にも影響が出てきます。

その場では「へぇ、すごいわね」くらいで聞き流してください。

そこで、「あんた、それウソでしょ」とやってしまうと、男の子は傷つきます。〝ウソつき〟というレッテルを貼られることは、男の子には耐えがたいものなのです。

でも、「本当はどうなのか、ちゃんとわかっているわよ」ということをそれとなくどこかで気づかせましょう。そして、**「そんなに背伸びしなくても、ちゃんとあなたのことは認めているから」ということも、普段から伝えておくこと**が大切です。

さて、いちばん問題なのは1つ目の「**悪いことをバレないように隠すためのウソ**」です。

小学生でも中学年くらいになると、巧妙に練ったウソをつくこともあります。

この手のウソはバレたら、たいがいこっぴどく叱られます。だからその都合の悪い事実を隠し通したいのです。ですが、そこには絶対にやめさせなければならない、改めさせなければならない何かがあります。

では、どうすればいいか。

「正直に話したほうが結果としてよいことになる」

そういう体験を繰り返しさせることしかありません。

そのためにお母さんに気をつけていただきたいのは、**悪い話を聞かされても、まずはグッと呑み込んでください**。ここでお母さんが瞬間湯沸かし器のように沸騰してしまっては、子どもはいよいよ何も言えなくなってしまいます。

ぜひやって欲しいのは、**問題解決のためにお母さんも一緒に考えようとする態度を見せてやる**ことです。お母さんが味方になってくれるということがわかれば、安心して話をすることができます。

もう1つ大切なことは、「**自分にとって都合の悪いことをきちんと話せるのは、勇気のいることだ**」。**そう言って正直に話したことを褒めてやる**ことです。

それからこれはオマケの話ですが、「言わなくちゃいけないんだけど、言うと怒られそうで言えないこと」。これをどうやって親に打ち明けたらいいのか、何人かの子どもたちから聞かれたことがあります。

「お母さん、1分間聞いてください。僕は今日、叱られるようなことをやりました」——こう言って切り出してごらん、と私はそう言ってやります。

お母さん、いかがですか？　そういうふうに切り出されると、怒らずに落ち着いて話を聞いてみようという気持ちになりませんか？

「悪いことを隠すためのウソ」「自分をよく見せようとするウソ」
「親の期待に沿おうとしてつくウソ」……。
それぞれ、お母さんの取るべき対応は異なります

風通しのよい家庭が、率直な男の子を育てる

世の中には不祥事を起こす企業や組織があとを絶ちません。また、不祥事とはいかないまでも、その組織の存亡に関わるようなことが内部でもなかなか発覚せず、大問題となって吹き出す。そんなケースが山ほどあります。

これらは多くの場合、悪い情報が組織内できちんと流れないことが背景にあります。つまり組織内の風通しが悪い、ということなのですが、その原因は、不都合な情報に対して不寛容な、経営者や上司の存在ということに尽きます。

「そんな話、聞きたくないよ!」

こう言われれば、耳触りのいい話しか報告しなくなります。

さて、みなさんのご家庭の風通しはいかがでしょうか？

男の子はときには、本当なら親に伝えるべき悪い話を抱えていることがあります。そういうときに彼は正直に話をしてくれますか？

もし、そうでないとしたら、なぜ彼はお母さんに話してくれないのでしょう。

1つは先にも申し上げたように、お母さんがすぐに感情的になり、叱りつけてしまうケースです。**子どもも経験則として、どんな話ならどれだけ怒られ、叱られるか、もうわかっています**から。

もう1つは、悪い話を伝えることで、親を悲しませたくない、悩ませたくないという気持ちからです。いい子でいて欲しいという親の気持ちを斟酌《しんしゃく》してしまうのです。そして1人で悩み、落ち込んでしまいます。

では、どうすれば、どんな話でも男の子が正直に打ち明けられる環境が整うのでしょうか。

いちばんは、**父親と母親が普段からどんな話でも率直に語り合い、お互いに相手の話をきちんと受け入れている状況にあること**です。

「もう、あなたったら、いつもそうなんだから……」

つい子どもの前でも口をついて出てしまうことはありませんか？　もちろんお母さんだけでなくお父さんも、です。そういう雰囲気だと、お互いに不都合な話はだんだん隠すようになりますね。

先にもちょっと申し上げましたが、こんな切り出し方だと、相手はどう受け止めてくれるでしょうか。

「ごめん、あまりいい話じゃないんだけど、ちょっと聞いてくれる？」

こう切り出されれば、お互いに冷静に話をすることができると思いますよ。

保護者面談などを通じていつも感じていたことなのですが、日頃から家族でよく話をしている家庭の子、つまり風通しのいい家庭で育っている子は、率直に、そして好感を持てる話し方をします。

風通しのよい家庭＝なんでも話せる雰囲気のある家庭です。

どんな不都合な話でも心配ごとでも、１人で抱え込まずに互いに共有するのは普通のことなのだ、というカルチャーを家庭のなかで築いておくのです。

そうは言っても、無理やり根掘り葉掘り聞きだそうとするのは考えものです。男の子には母親には言えない悩みというものだってあるからです。それに、１人で悩んでそれを自力で解決することは、その後の大きな自信にもつながります。

つまり、大切なことは、**１人で悩んで考えることと、相談したほうがいい場合とを、うまく使い分けられるようになる**ということなのです。

この心の習慣を持てるようになれば、この先チームワークで仕事をするようになったとき、大きなアドバンテージになります。

スキンシップは効果あり！

お母さんがいくら一生けんめいに諭しても、息子は斜に構えて、正面から受け止めて聞いてくれない。そんな悩みも少なくないかと思います。「どうしたらちゃんと私の言うことを聞いてくれるのかしら？」。

そんな悩みにひと役買ってくれるのが、ちょっとしたスキンシップです。

「スキンシップ？　なんだ、そんなことか」と思うかもしれませんが、やってみると意外と効果があります。

大人でもよくありますよね。「しっかり頼むぞ！」そう言って肩をポンと叩く。そうすると、言われたほうは意気に感じて動く。これは小学生でも効くのですね。

教室に来ている子どもたちも、ときには問題となるような言動があります。見逃すべきでないと思ったときには、私はけっこう強めに叱り、そして諭します。そして、前にもお話ししたように〝褒める〟を織り交ぜるのですが、このときによくやるのがスキンシップなのです。

やることは簡単です。

正面を向いて、子どもの目を見て両肩に手を置きます。そして彼のいいところについて、ゆっくりと伝えます。

どんな憎ったらしい態度を取る子でも、いいところが必ずあります。それを伝えるときにスキンシップを加えると、褒めたことと諭したことが同時にスーっと入っていくようなのです。

そのときに大切なことは、**彼のいい部分について本当にそう思いながら話す**ということです。うわべの取ってつけたような言い方では伝わりません。

これは小学生だけでなく、中学生にも効果がありました。

自分のことをきちんと見てくれている、信頼されている——。そう感じ取ると、子どもたちの目の色が変わるのがわかります。そうすると、叱られている部分についても正面を向いて聞いてくれるようになるのです。

その流れを作ってくれるのが、スキンシップなのです。

ですがお母さんがやれるのは小学生までかもしれません。思春期にもなると、男の子は母親とベタベタくっつくのを嫌がるようになるからです。

ある調査機関が行ったアンケート調査によると、小学生のときに頻繁にスキンシップを取っていた場合、70％以上の親が、「子どもが中学生になっても良好な親子関係である」と答えています。そしてそうでない場合は、親子関係が良好と答えた人は20％以下にとどまっています（ゴールドコースト観光局調べ http://billikoala.jp/）。

これは、中学生の子どもを持つ親を対象とした調査ですが、子どもが小学生のとき、親子のコミュニケーションにスキンシップを取り入れたかどうかで、その後の親子の関係に歴然とした差があることに驚かされます。

これから先、男の子は反抗期、思春期という、お母さんにとってむずかしい時期を迎えます。

その困難な時期の息子との関係を上手に乗り切ってゆくためにも、いまこの時期にこそ、スキンシップで息子の素直な心を育てておきたいものですね。

素直な心を持った、人から好かれる男の子に育てるために
―第６章のポイント―

★男の子にはお母さんにはわからないプライドがある。「反省の心」を育むには、まずはじっくり言い分を聞く

★「わかりません」と前向きな気持ちで言えるようにする。そんな子に育つちょっとしたひと言＝「あっ、いい質問ね」／「いいところに気がついたわね」

★逃げ道をふさぐような、打ちのめすような叱られ方を経験していくと、子どもたちも、相手を叩きのめすような議論の仕方を学んでしまう

★子供を伸ばす３つの叱り方
①子どもごとに叱る基準を変えない　②結果について叱るのでなく、原因やプロセスについて問題があれば諭し、言い聞かせる　③叱るときには褒めることもセットにする

★自分にとって不都合な話を言えたなら、「それは勇気のあることだ」と言って、褒めてあげる

★父親と母親が普段からどんな話でも率直に語り合い、お互いに相手の話をきちんと受け入れられる「風通しのいい家庭」を目指す

★スキンシップには、子どもに「自分のことをきちんと見てくれている、信頼されている」と感じさせる不思議な力がある。今のうちにたくさんしておく

おわりに

最後までお読みいただき、ありがとうございました。本書を通じて、息子さんの、今まで気づかなかった面や可能性が、その子の輝かしい将来につながるよう、心から願っております。

自分はどうなりたいのか？　これはまさにそれぞれの子どもたちの、心のなかにあるものです。

とはいえ、ますます厳しさを増す現在、「よし、がんばるぞ！」という子たちと「そんなにがんばらなくてもいいよ」という子たちが、やがて仕事を奪い合う世の中になったとき、どうなってしまうのでしょうか？

子どもたちの教育については、ここしばらくある方向性に進んでいたと思います。

人としての豊かな心を育てる教育。社会性ある人間として育ち、1人の個人としての誇りを持つ――。

このことには、私は何の異論もありませんし、とても大切なことだと思います。ですが、これからの世の中を考えた場合、果たしてこれだけでいいのか？　ということなのです。

少し前までならば、豊かな心を持った人が普通にがんばれば、経済的にもやっていける環境にありました。

イス取りゲームをイメージしてみてください。10人の日本人がイスのまわりをグルグル回っていて、その中に、この間まではイスが9個ありました。でも最近の世の中はどうでしょうか。すでにイスの数は、8個となり、7個となり、どんどん減ってきているのではないでしょうか。しかも、参加者には外国人も混ざっています。

これは、決して極端な話ではありません。

そうなってくると、これからの子どもたちの教育や躾には、少なくなったイスにでもちゃんと座れるための資質、それこそしっかりと自立できる「生きる力」

を育てることが必要なのではないかと思うのです。

そういった流れを読み取って、将来のことを意識した子育てをするのか、それは必要ないとするのか。

格差社会と言われていますが、これからは子育てのあり方そのものが、将来の格差に直結すると言っても過言ではありません。実際に、もうそのことを念頭に置いている動きもあります。

なかには、そういう教育や躾をすることは、豊かな心を育てる教育と相反する、という人もいるかもしれません。

ですが、**豊かな心を育てる教育と「生きる力」を育てる教育は、決して対立するものではありません。これからは両方が必要なのです。**

大切なことだと思う、そうは思わない。

がんばろうと思う、そうは思わない。

人はさまざまな場面で、行動するのか、しないのか、あるいはどう行動するのかを決めます。このときに基準となるのが、その人が持つ心の習慣なのです。

本書のなかでも、たびたび触れましたが、心の習慣は大人になってから変えるのはそう簡単ではありません。ですが小学生くらいなら、まだ時間があります。むずかしいテクニックなどありませんし、もちろん、本書に書かれたことすべてを身につけさせようなどと力む必要もありません。お母さんが、日頃からちょっと気にしておくだけで、子どもの心に宿るものが変わってくる。その積み重ねです。

お母さんは、男の子を育てるにあたって、目の前のことで日々大変な苦労をしていると思います。ですが、将来のゴールが見えていれば、いまやるべきことはそんなにむずかしいことばかりではありません。

それさえやっておけば、やがて一人前の男になる。そう考えて、息子の変化を楽しむくらいの、大らかな気持ちでいこうではないですか。

２０１４年４月　甲州北杜・白州にて

山村　裕志

カバー・本文デザイン・イラスト／石山沙蘭
本文DTP／ワークスティーツー
編集制作／中嶋睦夫（あとりえ創意工夫）

男の子の一生が決まる、たった6つの心の習慣

2014年6月3日　第1刷発行

著　者　　山村裕志
発行人　　脇谷典利
編集人　　南條達也
編集長　　遠藤励起
発行所　　株式会社　学研パブリッシング
〒141-8412　東京都品川区西五反田2-11-8
発売元　　株式会社　学研マーケティング
〒141-8415　東京都品川区西五反田2-11-8
印刷所　　中央精版印刷株式会社

この本に関する各種のお問い合わせ先
●電話の場合、
編集内容については、☎03-6431-1473（編集部直通）
在庫・不良品（落丁・乱丁）については、☎03-6431-1250（販売部直通）
●文書の場合、〒141-8418　東京都品川区西五反田2-11-8
学研お客様センター『男の子の一生が決まる、たった6つの心の習慣』係
●この本以外の学研商品に関するお問い合わせは、
☎03-6431-1002（学研お客様センター）